EXPÉDITIONS ET PÈLERINAGES

DES

SCANDINAVES EN TERRE SAINTE

AU TEMPS DES CROISADES

PAR

LE COMTE RIANT

Membre résidant de la Société des Antiquaires de France
Membre correspondant de l'Académie Royale des Belles-Lettres de Suède

TABLES.

—

PARIS

—

M DCCC LXIX

Paris. — Typographie Adolphe Lainé, rue des Saints-Pères, 19.

LES SCANDINAVES EN TERRE SAINTE.

INDEX GÉNÉRAL.

A

Aalborg (D.) (1), pp. 81, 163. — (Notre-Dame d'A.), p. 243.
Aalesund (N.), p. 167 n.
Aarhuus (D.). — Évêques d'A., pp. 150 n., 355, 356, 367, 379, 391, 441 n.
— Saint-Nicolas d'A., pp. 380, 381.
Abbas, p. 259.
Abel, roi de Danemark, pp. 134, 263.
Aberdeen, p. 237 n.
Åbo (Finlande), p. 407 n.
Abou Yali, p. 258.
Abraham. — Chef d'A., p. 68. — Château d'A., p. 443. — Jardin d'A., à Jéricho, pp. 46, 89, 189.
Absalon (D.), archevêque de Lund, pp. 33, 270, 276, 288, 291.
Absalon Pedersson (D.) (2), p. 12.
Absence (Lois sur l'), p. 50.
Abu Abdallah, gouverneur d'Alcacer, pp. 297, 325, 327.
Abu Abdallah Mohammed Mostansir Billah, sultan de Tunis, pp. 349, 351, 352.

Abu Ali (Cid), émir de Séville, p. 325.
Abulfeda, pp. 192 n., 214 n., 297 n.
Abul Kasim, p. 200 n.
Accaron, confondue avec Acre, p. 87 n.
Acclimatation d'animaux et de plantes dans le Nord, p. 436.
Acerra (Comte d'), p. 337.
Ach Chelbi (Wasir), p. 325.
Aches danoises, p. 272.
Achille, p. 279.
Acquapendente, p. 83.
Acre (Saint-Jean d'), Akrsborg, pp. 70, 87, 89 n., 138 n., 166, 167, 185, 186, 190, 257, 258, 272, 273, 275, 280-6, 293, 294, 296, 324, 329, 337, 370, 371, 373-4, 440, 442-3. — V. *Ptolémaïs*.
Adalbrandr Helgason (I.), p. 364.
Adalbrecht (S.), prêtre, p. 240.
Adam de Brême, pp. 64, 119.
Adèle de Montferrat, p. 189 n.
** Adolphe III de Schauenburg (3), comte de Holstein, pp. 275, 283, 286, 296-298.

---

(1) Les initiales D, I, N, S, placées entre ( ), à la suite d'un nom propre, désignent respectivement le Danemark, l'Islande, la Norvége et la Suède.
(2) Les noms d'homme, composés d'un prénom et d'un nom patronymique se terminant en son, doivent être cherchés au prénom.
(3) Les noms précédés de ** désignent les Scandinaves qui ont accompli réellement le voyage de Terre-Sainte ; les noms précédés de * désignent ceux qui ont simplement pris la croix.

**ADOLPHE IV de Schauenburg, comte de Holstein, p. 334.
ADONIUS, p. 448.
Adriatique (Mer), p. 84.
ADRIEN IV, pape, p. 249. — V. BREAKSPEARE.
AETHELING (Eadgar). — V. EADGAR.
Afrique, pp. 70, 71, 76, 77, 79, 83, 255-6, 304, 349, 413, 436, 448.
Agdarnæs (N.), p. 206.
Agdir (N.), p. 244.
AGHOUSIAN, p. 149.
Agrip af Noregs Konungasögum, pp. 5, 98, 108, 177, 194, 209 n., 433.
AJAX (Saga d'), p. 447.
Akers, Akjers, (Acre), p. 87.
** AKI de Lund (S.), p 289.
** AKI Hvitastiksson(D.), pp. 270 n., 288, 294 n., 299.
Akie (Accaron), p. 87 n.
Akrsborg (Acre), pp. 70, 87, 186, 442-3.
Akynaborg (Aquino), p. 84.
Alamanni, p. 130 n.
Alamant, p. 145 n.
Alani, p. 130 n.
Alasund (Aalborg) (D.), p. 81.
Albano, pp. 84, 209, 249. — Cardinal d'A., p. 420.
ALBÉRIC de Grantemesnil, p. 138.
ALBÉRIC de Neufmoustier, pp. 221, 329.
ALBERT d'Aix-la-Chapelle, pp. 129, 131, 134, 135, 136, 138 n., 139, 146-152, 164, 166, 174, 178 n., 185, 186, 191 n., 192 n., 193, 194, 285.
ALBERT de Blandras, p. 184 n.
** ALBERT de Lund, p. 302 n.
**ALBERT, comte d'Orlamünde, p. 270 n.
ALBERT de Stade, p. 151 n.
ALBERTI ANTICHI (Maison), de Florence, p. 389.
Albufera, 322.
Albur (Alvor), p. 278.
Alcacer do Sal, pp. 75, 181, 254-5, 321, 324-8.
Alcazar de Fez, p. 181 n.
Alcazer, p. 322 n.
Alcobaça (Abbé d'), p. 325.
Alcubar, p. 321.
Aldeyuborg (Ladoga), pp. 64, 65, 117, 159 n., 204.
Alemaigne, pp. 144 n., 145 n.

Alemanni, pp. 142, 143.
Alemannia, p. 130 n.
ALENARD, V. ELENARD.
Alençon (Foucher d'), p. 145 n.
Alençon (Guillaume, comte d'), p. 148 n.
Alep, p. 240.
** ALEXANDER de Lund (D.), p. 289.
** ALEXANDER Petersson (D), p. 288.
ALEXANDER (Konung), p. 435.
ALEXANDRE III, pape, 266.
ALEXANDRE IV, pape, pp. 349, 351.
ALEXANDRE VI, pape, p. 359.
ALEXANDRE le Grand, p. 434.
ALEXANDRE, roi d'Écosse, p. 241.
Alexandrette (Golfe d'), p. 70.
ALEXIS (Saint), p. 446 n.
ALEXIS (Kurios), p. 448 n. — V. KYRIALAX.
ALEXIS COMNÈNE, pp. 53, 135, 137 n., 138, 140, 141, 145, 146 n., 147, 159-161, 174, 178, 196-203.
ALEXIS Lange, p. 309.
ALFANI (Maison) de Florence. — Jacomino et Forensino A., p. 389.
ALFONSO (D. Nuño), p. 237.
ALFVIN Haraldsson, p. 125 n.
Algésiras, p. 181 n.
Algarves, pp. 181, 278, 324-335. — Elles sont ravagées par les Normands, p. 75.
ALGOT, Folkunge (S.), p. 369 n.
ALI IBN ISA IBN MAÏMOUN, p. 77.
Alicante, p. 79.
Aljesur d'Algarve, p. 181 n.
ALIX, fille d'Eudes de Bourgogne, p. 148.
Al-Kashr, p. 181 n.
Alkassir, p. 181.
Allemagne, pp. 2, 22, 36, 37, 61, 62, 80, 82, 87, 101, 102, 126, 128, 142, 170, 203, 220, 224, 225, 242, 264, 266, 274, 275, 305, 308, 317, 318, 333, 334, 377, 384, 385, 389, 408, 416, 422, 425, 430-436, 439, 445. — A. Orientale, p. 86. — Invasions des Normands en A., p. 30. — Voyages des Scandinaves en A., p. 94.
Allemands, pp. 139, 276, 282, 285.
Allra Heilagra kirkja, à Rome, p. 84.
Almadra, p. 322.
Almaria, p. 79.
Almànningsöre, p. 381.

INDEX GÉNÉRAL.

Alpes, p. 82. — Hospices des A., p. 59.
ALPHONSE le Sage, roi de Castille, pp. 214, 350.
ALPHONSE Ier, roi de Portugal, pp. 222, 254, 255.
ALPHONSE VI, roi d'Aragon, p. 238.
ALPHONSE, évêque de Jaën, p. 161 n.
Alsace (Philippe d'), p. 264 n.
Alstathe (Alstedt), (D.), p. 300 n.
Alstedt (D.), p. 300.
Altopascio (Ospedale del'), p. 83.
ALV-ERICO. V. ERICO.
Alvor (Algarves), pp. 75, 278, 322.
AMALRICI (Bertrand), archevêque d'Arles, légat du pape dans le Nord, pp. 362-7, 367-8, 391-392.
AMAURY de Lusignan, roi de Chypre, p. 296.
AMAURY (Bertrand). V. Amalrici.
Amendes infligées aux Scandinaves qui désertent en mer, p. 50.
Amérique, pp. 19, 23, 50, 235, 340, 362, 364-6, 394, 420. — Croisade prêchée en A., pp. 364-6.
Amiens, p. 251.
Amphipolis (Imboli), pp. 69, 260, 444.
ANASTASE IV, pape, p. 249 n.
ANASTASE, empereur, p. 196 n.
ANASTASIE (Sainte), p. 443.
'Ανάστασις (Chapelle de l'), à Jérusalem, p. 443.
ANCHERSEN (D.), p. 199 n.
Andalous, p. 236.
Andalousie, pp. 77, 181 n., 325.
** ANDERS de Slagelse (D.), pp. 307, 308, 447.
ANDERS SUNASON (D.), archevêque de Lund, p. 33.
ANDRÉ (Bras de Saint), p. 68.
ANDRÉ, roi de Hongrie, p. 318.
ANDRÉ, roi de Man, p. 247 n.
ANDRÉ de Chavigny, p. 294.
ANDRÉ de Reppre, p. 404.
ANDRÉ (Bernard), légat dans le Nord, pp. 407-8.
ANDRES, év. d'Oslo (N.), p. 361.
** ANDRES, doyen de Lund (D.), p. 302 n.
* ANDRES Bäths, de Bankastra (S.), pp. 372, 382.
** ANDRES Nikolasson (S.), pp. 350, 357-8.
ANDRES de Sjámælingr (N.), p. 330.

ANDRES de Skenninge (S.), p. 359.
** ANDRES Skjaldabrandr de Hindey (N.), pp. 342-343.
ANDRONIKOS Tzintzilukas, p. 137 n.
ANFUSIS (Thomas de), p. 372 n.
ANGERMANN (S.), archevêque d'Upsal, p. 234.
Anglais, pp. 134, 139, 145, 164, 165, 285, 294. — A. exilés à Constantinople, p. 140.
Angleterre, pp. 2, 19, 23, 61, 71, 73, 75, 82, 100, 104, 111, 118, 128, 139, 140, 141 n., 179, 214, 221, 224-225, 245-246, 249 n., 250, 254, 269, 272, 277, 285, 311 n., 336, 349, 371, 372, 377, 378, 414, 428-429, 430-434, 436. — Scandinaves à la cour d'A., p. 35.
Angli, pp. 129 n., 130 n, 141, 146 n.
Anglia, pp. 129 n., 130 n., 134 n.
Anglo-Flamands, p. 297.
Anglo-Saxons, p. 413. — Pèlerins, id., p. 93.
ANGUS Mac Heth, earl of Moray, p. 241.
Anjou-Tarente (Jeanne d'), p. 394.
ANNE (Sainte), p. 298.
ANNE, reine de France, p. 145 n., 157 n., 251.
ANNE Comnène, pp. 135 n., 139, 143, 146, 151, 167 n., 174, 184 n, 196 n., 197-198.
ANNIBAL, p. 203.
ANONYME de Börglum. — V. *Börglum*.
Anscoine (L'), p. 294 n.
ANSGOT, Normand, fondateur de l'hospice de Mölk en Autriche, p. 60.
Antaradus, p. 442. — V. *Tortose*.
Anthekimborg (Antioche). On y montre le casque d'Olaf Ier, p. 89. V. *Antioche*.
Anthekiofjord (Golfe d'Antioche), p. 442.
ANTIGENIDES, p. 135 n.
Antioche, pp. 89, 117, 128, 134-6, 138, 145-150, 152, 170, 240, 242, 442-3. — Raymond d'A., p. 249 n. — Golfe d'A., p. 442.
Antioche de Pisidie, p. 145.
Antiochia, p. 143 n.
ANTONIO Trojano, p. 408.
Antrodos (Antaradus), p. 442.
Antverpia, p. 134 n.
* ANUNDR Haraldsson de Fröshammar, (S.), pp. 372, 382-383.

Anvers, pp. 164, 185.
Aosle, p. 83.
Apennins, p. 83. — Hospice des A., p. 59.
APOLLONIUS, roi de Tyr, p. 448.
Appienne (Voie), p. 84.
Apulia, p. 279 n.
AQUILA (Faustus), p. 442.
AQUIN (Thomas d'), p. 337.
Aquino, p. 84.
Aquitania, p. 130 n.
Arabes, pp. 77, 124, 180, 439-440.
Aragon, pp. 238, 255. — Constance d'A., p. 394 n.
Arcades troyennes, à Constantinople, p. 196.
Archas, p. 136.
Archéologie du Nord; témoignages qu'elle fournit pour l'histoire des Croisades scandinaves, p. 11.
Archipel, pp. 71, 96, 444.
Arezzo, p. 367, 391.
ARGOUN, p. 372.
ARI le Savant (I.), p. 3 n., 109.
Arinsborg, p. 82.
Arles, pp. 362, 391.
Arménie, pp. 389, 394, 442. — Léon V, roi d'A., p. 394 n.
Armeniuland (Arménie), p. 442.
Armes des Scandinaves, p. 54.
ARNAUD de Bosones, pp. 397, 399.
ARNBJÖRN d'Ænes (N.), p. 330.
* ARNBJÖRN d'Heimnæs (N.), p. 383.
Arnblackr (Gué de l'Arno Nero), p. 83.
** ARNFINNR Hungi (S.), 302 n.
ARNGRÍMR Jónsson (I.), p. 12.
ARNI (N.), év. de Bergen, p. 393.
ARNI (I.), év. de Gardar, p. 396.
ARNI Thorláksson (I.), év. de Skalholt, pp. 361-4.
** ARNI Fjöruskeiv (N.), pp. 178, 211.
ARNI de Gizki (N.), p. 167.
ARNI MAGNUSSON (D.). V. MAGNUSSON.
** ARNMODR (N.), skalde de Rögnvaldr III, pp. 247, 252.
Arno Nero, p. 83.
ARNOLD, p. 223.
ARNULF, patriarche de Jérusalem, pp. 189 n., 193.
ARNULFR (N.), abbé de Hovedey, p. 405.
ARNUNGES (Maison des) (N.), pp. 48, 71,
166-171, 175-6, 244 n., 319, 341, 357, 375.
** ARON Hjorleifsson (I.), pp. 51 n., 334-5.
Arruguen (Tarragone), p. 79.
ARSLAN (Kilidje-), p. 143.
Arlaleberg, p. 86 n.
ARTHUR, p. 119.
ARTHUS, p. 434.
Arts dans le Nord, pp. 437-9.
ASA (D.), fille de l'archevêque Eskill, p. 317.
Asaland, assimilé à l'Asie, p. 15.
Ascalon, pp. 185, 186 n., 190, 191, 258-260, 267.
Ascanien (Lac), p. 144.
ASES (Les), divinités odiniques, pp. 14, 68, 200. — Terre des A., p. 38. — Temple des A. à Upsala, p. 17, 18.
Asgard, cité mystique, pp. 14, 17, 38, 42.
Asiafarir, pp. 46, 47.
Asie, pp. 46, 89, 97, 127, 301, 420, 438, 440, 441, 448.
Asie Mineure, pp. 124, 128, 142, 143, 145, 146, 147 n., 444, 448.
ASKATIN (N.), év. de Bergen, p. 361.
ASKER (D.), archev. de Lund, pp. 156, 226.
ASKER Juel (D.), archev. de Lund, p. 393.
Asky (Jakob d') (S.), p. 383.
** ASLÁKR Hani (N.), pp. 178, 210.
** ASLÁKR Erlendsson de Herney (N.), pp. 246, 248, 250.
Assassins du Liban, assimilés aux Berserkirs, pp. 90, 155 n.
Asserbo (D.), p. 234 n.
Assur, p. 286.
Asti, p. 389.
ASTRAK (N.), chan. de Ribe, p. 392.
ASTRID (N.), mère d'Olaf Ier de Norvége, p. 99.
ASTRID (N.), sœur d'Olaf Ier de Norvége, p. 117.
ASTRID (D.), femme de Sighvatr Jarl, pp. 106, 110, 111, 114, 117-9.
ASTRID de Sästad (S.), p. 301.
Asturies, p. 74.
Atalsfjord (Golfe d'Alexandrette), p. 70.
AUDHILD (N.), p. 241.

** Audunn le Roux (N.), pilote d'Erlingr Jarl, pp. 246, 256.
Audunn le Rouge (I.), év. d'Hólar, p. 393.
Augsbourg, p. 86 n.
Augustaborg (Aoste), p. 83.
Augustin de Untinis, légat, p. 408.
Aulne (Rivière d'), p. 73 n.
Aungulsnæs, p. 195.
Aurigny, p. 179.
Aurland (Maison d') (N.), pp. 167 n., 171 n., 246.
Austr, p. 17.
Austrat, p. 240 n.
Austri-Dvergr, génie de l'Orient, p. 15.
Austrfjord, p. 120 n.

Austrgaungur, pp. 46, 47.
Austrvegr, pp. 71, 85. — Route orientale du Nord à Jérusalem, pp. 63-70. — Assimilé à l'Hellespont, p. 17.
Austurroda (Osterrode), p. 86 n.
Autorisation accordée par le Saint-Siége pour aller en T. S., pp. 51, 80, 87.
Autriche (Duc d'), pp. 296, 318.
Avena (Guy d'), p. 397.
Avenches, p. 82.
Aventicum, p. 82.
Avesnes (Jacques d'), p. 279. V. Jacques. — Maison d'A., ibid.
Avitiz (D. Pedro d'), p. 326.
Ayamunte, p. 323.
Azof (Mer d'), p. 67.

B

* B. de Bielthorp (S.), p. 382.
Baal Hammar, p. 77.
Badajoz, p. 325.
Babylone (Le Caire), p. 442.
Baffa (Bastaborg), (île de Chypre), pp. 70, 135, 161, 195.
Baggesen (D.), p. 151.
Baglar, pp. 310-11, 330.
Bagnorea, p. 84.
Bähus Län (S.), p. 169 n.
Baldr. (Osbern de), p. 224.
Baléares, pp. 79, 181-3. — Les pirates normands y combattent les pirates arabes, p. 79.
Balthasar, soudan des Turcs, p. 13.
Baltique (Mer), pp. 15, 17, 19, 22, 28-9, 63-4, 65, 67, 70, 100, 105-6, 276, 304, 336, 354, 372, 426.
Banestorp (Winnido de), p. 299.
Bankastra (Andres Båths de), p. 72, 382.
Banquiers, pp. 388-9.
Baptême de J.-C. (Lieu du), fréquenté par les Scandinaves, pp. 88, 89.
Bar (Comte de), p. 285.
Bár (Bari), p. 84.
Bar Sauna, p. 372 n.
Βάραγγοι, p. 97. V. **Væringa**.
Barbaresques en Islande, p. 79 n.
Barbarie, pp. 324, 376.

Barbe (Serment par la), p. 439.
Barcelone, pp. 79, 323, 329. — Comte de B., p. 183.
Bardarkirkja (Partakirch), p. 86 n.
Bardelón (Barcelone), p. 79.
Bárdr de Rein (N.), p. 311.
** Bárdr Smidr (N.), p. 358.
Bari, en Pouille, pp. 84, 155, 161 n.
Barlaam et Josaphat, pp. 434, 447.
Bárland (Italie du Sud), p. 84.
Barlar (Barletta), p. 84.
Barletta, p. 84.
Barneville (Guillaume de). V. Guillaume.
Barres (Evrard des), p. 249 n.
Bartholin (Thomas) (D.), p. 150.
Bartolf de Nangis, pp. 130, 144.
* Båths (Andres) (S.), pp. 372, 382.
Basile II, empereur d'Orient, pp. 103, 196 n.
Basle, p. 82.
Basques (Pirates) en Islande, p. 79 n.
Basta (Baffa), p. 161 n.
Bastaborg (Baffa), p. 70.
Baudouin I, roi de Jérusalem, pp. 138 n., 139, 163-6, 185, 186, 187, 190-194, 193-5, 240.
Baudouin II du Bourg, roi de Jérusalem, pp. 242, 258.
Baudouin III, roi de Jérusalem, p. 226.

INDEX GÉNÉRAL.

BAUDOUIN IV, roi de Jérusalem, p. 267.
BAUDOUIN d'Édesse, p. 134.
BAUDOUIN, archevêque de Cantorbéry, p. 272, 286.
BAUDRY de Bourgueil, archevêque de Dol, pp. 129, 137 n.
Beauvais (Odon de), p. 145.
Bélus (Fleuve), p. 283.
** BENEDIKT Magnússon d'Ulfäsa (S.), pp. 370-1.
* BENEDIKT Petersson (S.), pp. 372, 383.
BÉNÉVENT, p. 84.
BENGT Magnússon d'Ulfäsa. V. Benedikt.
BENGT Petersson. V. BENEDIKT.
*BENGT Sigtrygsson de Rodene(S.), p. 382.
BENJAMIN de Tudèle, p. 200 n.
BENOIT XII, pape, p. 403.
BENZELIUS (S.), p. 232.
Béotie (Rois de), leurs alliances supposées avec les rois de Suède, p. 13.
BÉRARD, camérier du pape, p. 391.
BÉRENGÈRE de Portugal, reine de Danemark, pp. 297, 313.
Bergen (N.), pp. 179, 206, 239, 245, 249, 291-292, 319, 335, 357, 365-6, 379, 383, 392, 394, 398-402, 404, 407 n.— Évêque de B., pp. 361, 393.— Sainte-Chapelle de B., p. 361. — Église de Sainte-Sunniva à B., p. 379.
BERGLIOT des Orcades, p. 247.
BERGMANN, p. 14.
Bern (Thidrik af), p. 435.
BERNARD (Saint), pp. 220, 224, 229, 230, 246, 305.
BERNARD André, légat, pp. 407-8.
BERNARD le Danois, p. 251 n.
BERNARD de Carcassonne, p. 391.
BERNARD, Frison, p. 185 n.
BERNARD de Ortolis, légat dans le Nord, pp. 397-9.
BERNARD le Trésorier, p. 272 n.
BERNARD (Pierre), p. 395.
Berserkir, assimilés aux Assassins du Liban, pp. 90, 155 n.
BERTRAND Amaury. V. Amalrici.
** BERTRAND de Linköping, p. 369 n.
BERTRAND de Montvalran, archidiacre de Sologne, p. 396.
BERTRAND de Soyolles, seigneur de Pouilly et de Saint-Clément, pp. 392, 418 n.

BERTRAND, comte de Tripoli, pp. 148, 185, 190.
Béryte (Beyrouth), pp. 136, 185 n., 298. V. *Beyrouth.*
Besançon, p. 282.
Bethléem, pp. 337, 443.
BEVIS, p. 448.
Beyrouth, pp. 185, 192, 298. V. *Béryte.*
Béziers, p. 404.
BJADMUIN, femme de Sigurd I, p. 175.
Bjarkey (Maison de)(N.), pp. 122, 167, 357.
Bjarmie, p. 343.
Bjarmiens, pp. 330, 331.
BJARN Kolbeinsson (N.), évêque des Orcades, p. 261.
Bjarn, chanoine de Throndhjem (N.), p. 346.
** BJARN de Flettunæs (N.), p. 247.
Bjarnardklus (La Chiusa), p. 86 n.
Bjarnardspitali (Hospice du Mont Saint-Bernard, p. 83.
** BJARNI Jórsalafari de Dyrafjord (I.), p. 313.
BIBARS, p. 376.
Bielthorp (B. de) (S.), doyen de Lund, p. 382.
Biporonte (Ile de), p. 328.
BIRCHEROD (D.), p. 13.
BIRGER Brosa (S.), p. 27.
BIRGER jarl (S.), pp. 358, 360, 370.
BIRGER, roi de Suède, pp. 370 n., 371.
Birja (Ingvarr de) (S.), p. 395.
Birka (Stockholm), pp. 28, 64.
Birkibeinir, pp. 263, 271, 287, 290, 291, 309, 311.
Bisceglie, p. 84.
BISKOP (Henri), p 406.
Bissenoborg (Bisceglie), p. 84.
Bjug (Maison de) (S.), p. 302 n.
Bjærgær (S.), p. 382.
BJÖRN (N.), visiteur d'Islande, p. 394.
* BJÖRN (S.), curé de Bäling, p. 382.
* BJÖRN (S.), curé de la cathédrale d'Upsal, p. 382.
** BJÖRN (S.), curé d'Husby, p. 369.
BJÖRN-Côte de fer, à Luna, p. 83.
BJÖRN jarl Astridarson (D.), p. 125.
** BJÖRN Jórsalafari (I.), p. 313.
BJÖRN, mari de Ste Botild, p. 158.
Blachernes (Les), palais à Constantinople, pp. 160 n., 196, 197.

Bláland, p. 213 n.
Blámenn, p. 182.
Blanche (Mer), pp. 13, 19, 235, 330, 331, 340.
BLANCHE de Castille, p. 204.
BLANCHE de Namur, reine de Suède, pp. 233, 405-6.
BLANCHEFLEUR (Flores et), p. 434.
Blandadal (I.). p. 125.
BLANDRAS (Albert et Guy de), p. 184 n.
Blankaberg, p. 86 n.
Blois (Étienne, comte de), p. 146. — Comte de B., p. 285.
Blomstravalla Saga, p. 447.
Bo (Herr), p. 448.
BOHA EDDIN (Karakoush), p. 280.
BOHÉMOND, prince d'Antioche, pp. 137, 138, 141, 145, 159 n., 183, 184 n., 198.
BOHÉMOND II, prince d'Antioche, p. 248.
Bolgaraland, p. 261 n.
BOLLE Bollason (I.), premier chef national des Væringes, p. 97.
Bologna, p. 86 n.
Bolsena, p. 84.
BONAMICI (Maison) de Sienne, p. 389.
** BONDE de Lund (D.), p. 302 n.
BONDE (Maison de), p. 232.
Bönder, p. 428.
BONIFACE III de Toscane, p. 196 n.
BONVAZATI (Bentino), p. 389 n.
Bordeaux (Jean de), p. 399.
Borg, p. 110.
Borgo San-Donino, p. 59.
Borgo San-Flaviano, p. 84.
Bornholm (D.), pp. 100, 437.
Boslaraborg (Basle), p. 82.
Bosones (Arnaud de), p. 397.
Bosphore, pp. 67, 195-6, 222, 260.
Boternisborg (Viterbe), p. 84.
BOTILD (D.), fille d'Hákon Eiriksson, p. 157 n.
** BOTILD (Sainte), reine de Danemark, pp. 88, 154, 156 n., 157, 158, 162-3, 203, 218, 226, 229, 288.
Botilsäter (S.), p. 163.
BOTVID (Saint) (S.), p. 163.
Botzen, p. 86 n.
Bouillon (Godefroy de), pp. 88, 445. V. GODEFROY.
Bouke de Lion (Bucoléon), p. 200 n.

Boulogne (Guinemer de), p. 134-5.
Bourgogne, p. 144 n. — Duc de B., pp. 147-8, Robert, comte de B., p. 183.
Bouvines, p. 322.
Boz (Botzen), p. 86 n.
Brabant (Duc de) p. 296-7.
Brahe (Maison de) (S.), p. 370.
Brandeis (Brindisi), p. 84.
** BRANDR hinn Vidtförli (I.), p. 103.
BRANDR (I.), scalde, p. 446.
BREAKSPEARE (Nikolas), pp. 209, 249, 420. V. ADRIEN IV.
Bredastadr (Holmgeir de) (S.), pp. 372, 383.
Breiding (Breitungen), p. 86 n.
Breitungen, p. 86 n.
Brême, pp. 277, 283, 296, 298, 332-334.
Brémois, p. 139.
Brest (Baie de), p. 73 n.
Bretagne, pp. 15 n., 73, 74, 321, 434.
Bretagne (Grande-), pp. 27, 73, 104, 272.
Bretons, p. 285.
Brienne (Jean de), roi de Jérusalem, pp. 312, 332.
** BRIGITTE (Sainte) (S.), pp. 41 n., 161 n., 358, 370.
Brindes, pp. 314, 336.
Brindisi, p. 84.
BRING (S.), pp. 99, 300 n.
Britanni, p. 129 n.
Britannia, p. 130 n.
Britanniques (Iles). — Les premiers pèlerins en Terre-Sainte en sont originaires, p. 93.
BRITO (Bernard de), p. 221.
Brixen, p. 86.
BROMPTON, p. 200.
BRUNETTI (Hildebrando), p. 389 n.
Bruges, pp. 335, 389, 401-2.—Châtelain de B., p. 285.
Brunswick, p. 86 n.
* BRYNJOLF Algotsson (Saint) (S.), évêque de Skara, pp. 233, 367, 369.
** BRYNJOLF de Linköping (S.), p. 369 n.
Bucoléon (Palais de), à Constantinople, p. 200 n.
BUDDHA (Jón) (S.), 360 n.
Bugella (Jacques d'Eusebio de), p. 400.
Bulgares, p. 124.

Bulgares du Volga, p. 121.
Bulgari, p. 130 n.
Bulgarie, p. 203.
Bunga (S.), p. 438.
BURCHARD de Biberach, pp. 142 n., 272 n.
BURDET (Robert), p. 19.
Burgos, p. 350.
Burgundiæ (Dux), p. 148 n.
BURISLAV, prince de Vendland, beau-frère d'Olaf Ier de Norvége, p. 100.
Burstaborg (Stettin), pp. 111, 117-8.
Buses, pp. 164, 178 n.
BUTUMITE, pp. 137 n., 141.
Byzance, pp. 30, 63, 70, 85, 97, 103, 121, 122, 125, 126, 130, 159, 175, 202, 208, 223, 261; 306, 375, 457, 439. — Son influence sur la conversion du Nord au christianisme, p. 32 n. — Est assimilée à Asgard, p. 38. — Est un des foyers religieux du Nord, p. 42. — Connaissance qu'en avaient les Scandinaves, pp. 67-69.— Premiers voyages des Scandinaves à B., p. 94. — La légende de saint Olaf y commence, p. 122. —V. *Constantinople.*
Byzantins, pp 127, 140.
Byzantium, p. 17.
BZOVIUS, p. 331 n.
Bæjarmenn, pp. 319, 344.
BÖDVARR BALTI (I.), Skalde, p. 243.
Bönestad (Sumir de) (S.), p. 301.
Börglum (D.), pp. 288, 407 n. — (Anonyme de B.), pp. 268 n., 271 n., 487-9. 291, 293, 294 n., 295 n.

C

Cadix, pp. 75, 76, 77, 120, 323.
Cagliari, pp. 72, 79.
Caire (le), pp. 79, 259, 280 n, 376.
Calabre, pp. 183, 279.
CALIXTE III, pape, p. 408.
Calmar (S.), p. 405.
CALWINCH (Geoffroy de), p. 396.
Camargue (Normands dans la), p. 71.
CANALE (Martino da), p. 61 et n.
Candie, pp. 78, 369. V. *Crète.*
CANISIUS, p. 221.
Cantorbéry, p. 342. — Archevêque de C., pp. 286, 349.
Cantyre, p. 246.
CANUT. V. KNUT.
CAPÉTIENS, p. 99.
Capoue, p. 84.
CARACOIS (Karakoush), p. 280.
Carcassonne (Bernard de), p. 391.
Caréliens, pp. 305, 344.
CARLEN (Octavia), p. 163 n.
Carlstadt (S.), p. 163 n.
Carmona, p. 326.
Carpentras, p. 404 n.
Carthagène, pp. 79, 358.
Casal, p. 87.
CASIMIR Vartislawitch, duc de Poméranie, pp. 317, 318.
Caspienne (Mer), pp. 15, 17.
Cassiope (Cassope), p. 85.
Cassopo (Santa Maria del), p. 85.
Castiglione (Huguiccio de), pp. 391-2. V. HUGUICCIO.
Castille (Roi de), pp. 214, 325.
Castro Honesto, p. 238.
Castrorosso (Raudakastala), p. 70.
Cataractes du Dniepr, p. 66.
Catalogne, pp. 19, 278.
CELARY (Geoffroy), p. 404.
CÉLESTIN III, pape, pp. 89 n., 261, 295, 379.
Celtes, p. 140.
Ceprano, p. 84.
Céphalonie, p. 85.
Cérauniens (Monts), p. 442.
CÉSAR, p. 73.
Césarée, p. 352.
Cézaire, p. 352 n.
Chalcidique, p. 195.
Chaldée, p. 442.
Chants nationaux. V. **Visur.**
CHARITON (Saint), p. 443.
CHARLEMAGNE, pp. 59, 60, 71, 75, 120, 159 n., 305, 385, 434.
CHARLES VIII, roi de Suède, p. 288.
CHARLES XII, roi de Suède, comparé à Olaf Ier de Norvége, p. 99.
** CHARLES le Danois, comte de Flandres, pp. 184, 185, 194.
CHARPENTIER (Guillaume le). V. Guillaume.

Château d'Abraham, p. 443.
Châtellerault (Comte de), p. 285.
Chavigny (André de), p. 294.
Chelidonium (Cap), p. 70.
Chêne (Gaucelin du), légat, p. 404.
Chersonèse de Thrace, p. 195.
Cheval (Chair de), p. 435.
Chevetot, garnison de Værings, pp. 140, 143, 144.
Chiusa (La), p. 86 n.
* CHRISTIAN Ier, roi de Danemark, p. 408.
CHRISTIAN II d'Oldenbourg, roi de Danemark, p. 275.
CHRISTIAN IV, roi de Danemark, p. 151.
CHRISTIAN V, roi de Danemark, p. 151.
Christiania (N.), pp. 291 n., 342 n., 435 n. V. *Oslo*.
CHRISTINE. V. KRISTIN.
** CHRISTJERN (D.), évêque d'Aarhuus, p. 150 n.
** CHRISTJERN de Ribe (D.), p. 317.
CHRISTJERN Pedersson (D.), p. 12.
CHRISTOPHE le Bavarois, roi de Suède.— Sa prétendue alliance avec la fille du soudan, p. 13.
CHRISTOPHER, roi de Danemark, p. 354.
CHRISTOPHER de Jutland (D.), p. 299.
Chroniques danoises et suédoises, p. 8. — C. latines de Danemark et de Suède, p. 9. — C. latines d'Occident, leur témoignage pour l'histoire des croisades scandinaves, p. 10.
Chrysobulles byzantines conservées dans le Nord, p. 10.
Chypre, pp. 135, 137, 161, 195, 296, 444.—Le diable en C., pp. 161, 162.— Roi de C., pp. 349, 403.
Cilicie, p. 141.
Cimbardi (Jean), pp. 389, 392.
CINNAMUS (Jean), p. 222.
Cintra, pp. 74, 180, 181.
Civita Vecchia, pp. 323, 324.
Clairvaux, pp. 223, 230.
Clausen, p. 86 n.
CLAUSSON (Pehr) (N.), pp. 12, 312 n., 317 n., 319.
CLÉMENT (Saint), pp. 442.
CLÉMENT III, pape, pp. 273, 277.
CLÉMENT V, pape, p. 393.

CLÉMENT VI, pape, pp. 376, 380 n., 389, 403-8.
Clementsfjell (Monte-Chielle), p. 84.
Clermont-Ferrand, p. 129.
Clermont, p. 220.
Clous (Les Saints-), p. 68.
Cluny, p. 214.
Coba, p. 321.
Cologne, pp. 81, 113, 277, 296, 320, 332, 334.
Colonnes d'Hercule, pp. 76, 77 et n.
COLUMBAN (Saint) en Islande, p. 101.
Columbretes (Ile de), p. 328.
Comani, p. 130 n.
Commerce, pp. 435-6, — de la Norvége, p. 23, — avec l'Orient, p. 439, — du Nord avec les Infidèles, p. 376.
COMNÈNE, V. ANNE, ALEXIS.
Compostelle, pp. 74, 75 n., 83, 85, 108, 237-8, 299, 301, 307, 321, 359, 380.
Conches, p. 145 n.
Concile de Lyon, pp. 390, 391, 393.
— de Vienne, pp. 393-4, 397, 400, 402, 426.
Confrérie des Chevaliers et Paumiers du Saint-Sépulcre, p. 192 n.
CONRAD Ier, empereur d'Allemagne, p. 60.
CONRAD, empereur d'Allemagne, pp. 220, 222-3, 224-5, 275.
CONRAD, empereur d'Orient, p. 448.
CONRAD, chancelier de l'empire, p. 296.
CONRAD d'Everbach, p. 226-7.
CONRAD de Montferrat, pp. 280, 282.
CONRAD, cardinal-év. de Porto, p. 333.
CONRAD de Wittelspach, p. 296.
CONSTANCE d'Aragon, reine d'Arménie, p. 394 n.
CONSTANCE de France, femme de Bohémond, p. 184 n.
Constance, en Suisse, pp. 47, 82.
Constantia (Varna). p. 67.
CONSTANTIN, pp. 69, 188.
CONSTANTIN Porphyrogénète, pp. 65, 66.
Constantinople, pp. 17, 32, 41, 49, 57, 60, 65, 86, 90, 97, 102-3, 124, 128, 135 n., 141, 142, 144, 145, 146, 147, 148 n., 149, 159 n., 166, 167 n., 171, 175, 195-204, 221-2, 260, 263, 293-4, 296, 312, 331, 414-5. — Normands

païens à C., p. 71. — Saint-Olaf à C., p. 100. V. *Byzance*.
Constantinus Magnus, p. 162 n.
Constantinus, p. 448.
Contessa (Golfe de), p. 260.
Conversion des Scandinaves au Christianisme, p. 94-5. — des Slaves au Christianisme, p. 103.
Copenhague (D.), pp. 2, 215 n., 408, 435, 438.
Corcour, p. 236.
Cordouan, p. 67.
Cordoue, p. 326.
Corfou (Ile de), p. 85.
Cornbretaland, p. 15 n.
Corner (Hermann). — V. Hermann.
Cornet (Jean), p. 404.
Corneto, p. 323-4.
Cornouailles, p. 15 n.
Cornubia, p. 273 n.
Cos (Ile de), pp. 69, 85.
Cour des rois, p. 417.
Courlande, pp. 64, 380.
Couronne d'épines (Sainte), pp. 68, 361.
Couvents obligés de recevoir les pèlerins, p. 58.
Crac, (Château de), p. 443.
Crèche (Sainte-), p. 68.
Crète, pp. 256, 302 n. 324. V. *Candie*.
Cretir (Candie), p. 78.
Crimée (Populations gothiques en), p. 15.
Croisades, passim.
Croisic (Le), p. 67.
Croix (Guy de), légat dans le Nord, pp. 407-8.
Croix (Vraie), pp. 161, 162 n., 188-190, 208-10, 231, 379, 437-8, 440. — Chanoines de la C., p. 423. — C. des pèlerins scandinaves, p. 56.
Crucismarkadr (San Croce), p. 83.
Ctésias, p. 444.
Cuidfall (Le Helder), p. 73.
Cumberland, p. 250 n.
Cypriotes, p. 163.
* Cæcilia (D.), veuve de Johan Kalfsson, p. 382.
Cæcilia de Rein (N.), p. 311.
Cæcilia (D.), p. 360.

D

Daci, pp. 129, 130 n., 133, 141, 222.
Dacia, pp. 130 n., 429 n.
Dacie (Danemark), pp. 386-7. — Dominicains de la province de D., pp. 349, 352, 355.
Dagsnæs (S.), pp. 274 n.
Dagö, p. 65.
Dalbosö (S.), p. 168 n.
Dalékarlie, p. 19.
Dalin. Son opinion sur la présence des Scandinaves aux croisades, p. 2.
Damalis, p. 222.
Damas, p. 194. — Prince de D., pp. 191, 259.
Damast, p. 448.
Damiette, pp. 43, 318, 329, 331.
Dampierre (Renaud de), pp. 306-7.
Danai, pp. 129, 133, 141, 146 n.
Δαναοί, assimilés aux *Dani*, p. 15.
Danaqvisl (Don), p. 67.
Danebrog, pp. 232, 427.
Danemarche, pp. 145 n., 147 n., 148 n.
Danemark, passim. — Sagas de D., p. 8. — Lois de D., p. 8. — Chroniques de D., p. 8. — Archives de D., p. 11. — État du D. au xie siècle, pp. 27-28. — Rôle du D. dans les Jórsalaferd, p. 41.
Dani, pp. 15, 38, 129, 133, 143 n., 145 n., 272 n., 277 n., 279 n., 282 n.
Dano-Brémois, pp. 295-8.
Dano-Frisons, pp. 139, 142, 191, 223, 277-286.
Danois, passim. — Leur rôle dans les Croisades, pp. 37, 38, 163-166, etc., etc.
Danube (Route du Nord à Rome par le), p. 86. — Bouches du D., p. 67.
Darthmouth, pp. 73, 320-1.
Daudahaf (Mer Morte), p. 443.
David (Trône de), p. 69. — Tour de D., p. 167.
David, roi d'Écosse, p. 241.
Démétrius (Saint), p. 69.

INDEX GÉNÉRAL.

Démétrius Paléologue, p. 408.
Denier de Saint-Pierre, pp. 386, 395, 423.
Dereva, p. 104 n.
Deventer, p. 81.
Dgha (Grégoire), p. 275 n.
Didrik de Vérone, p. 141.
Digerdöd, peste noire, pp. 408, 440-1.
Digitria, p. 294 n.
Dimes ecclésiastiques, pp. 190, 208, — du concile de Latran, pp. 316, 386, 390, — du 1er concile de Lyon, pp. 361-3, 390-1, — d'Urbain IV, p. 391, — du 2e concile de Lyon, pp. 391-2, — du concile de Vienne, pp. 392-402.
Dimischki, p. 76.
Dinan, p. 74 n.
Dinkelsbuhl, p. 86 n.
Dinus Dramblata, p. 448.
Diodore de Sicile, p. 182 n.
Diplomataires de Norvége et de Suède, p. 11.
Dithmarsh, pp. 277, 293.
Dithmarsiens à la 1re croisade, p. 133.
Ditzina, p. 67.
Dixin, p. 110.
Dniepr, p. 65. — Cataractes du D., p. 66.
Don, pp. 67, 124.
* Dorothée, reine de Danemark, p. 408.
Dorpat, p. 404.
Dorylée, pp. 147, 152.
Dos (Abbé de), p. 335.
** Doter de Lund (S.), p. 302 n.

Douro, p. 74.
Dovrefjeld (N.), p. 206.
Dozy, pp. 75, 238, 251 n.
Drabantir, p. 427.
Drafn, p. 117. — Monastère de Saint-Jean à D.), p. 104.
Dragon de Sigurd, pp. 202, 375.
Drambaslagr, p. 155 n.
Drápas, p. 4.
Drápstad (S.), p. 301.
Dreveliens, p. 104 n.
Dromitai, p. 67.
Dromonds, pp. 255-6, 312, 343, 439.
Drotz, pp. 397-9, 405, 418.
Droutsk, p. 104 n.
Dublin, p. 247 n.
Du Cange, p. 149.
Ducas (Jean), p. 138.
Duchés de Slesvig et d'Holstein, p. 268.
Duderstedt, p. 86 n.
Dudon de Saint-Quentin, p. 17 n.
Düna (La), p. 330.
Duodequin, p. 223.
Durazzo, pp. 85, 183, 184. V. *Dyrrhachium.*
Dvina, p. 64-5.
Dynaminni, p. 66.
Dyonysius Cato, p. 432 n.
Dyrafjord (Bjarni de) (I.), p. 313.
Dyrakr (Durazzo), p. 85.
Dyrnæs (Orcades), p. 118.
Dyrrachium, pp. 141, 261. V. *Durazzo.*

E

** Eadgar Aetheling, pp. 135-7, 141.
Ebba Skjalmi (D.), p. 300 n.
** Ebbe (D.), p. 446 n.
Ebbleholt (D.), p. 335.
Eccard, p. 274 n.
Ecija, p. 326.
Écosse, pp. 19, 132 n., 167, 241, 247 n., 248 n., 250 n., 351, 357-8, 377, 429, 439. — Roi d'É., p. 289. — É. Scandinave, p. 175.
Écossais, p. 274.
Eddas, pp. 15-17, 445.
Édesse, pp. 185-6, 220. — Baudouin d'É., p. 134.

Édimbourg, p. 236.
Edla, femme de Roger Bursa, p. 184.
Edmond d'Angleterre, p. 349.
Edouard le Confesseur, p. 118.
Edouard Ier, roi d'Angleterre, p. 371.
Edrisi, p. 238.
Edward Siwardsson, connétable d'Écosse, p. 241.
Egill, évêque d'Hólar (I.), p. 402.
Egill Askellson d'Aurland (N.), p. 167.
Egill Skallagrimsson (N.), p. 246.
Église Norvégienne, p. 33. — Suédoise, p. 34. — Danoise, p. 35. — Grecques, p. 419.

Églises en bois, p. 437.
Égypte, pp. 79, 83, 97, 124, 192, 195, 240, 259, 266, 312 n., 329, 371, 372, 442, 445, 448.
Égyptiens, pp. 185-6, 191.
Eider, limite entre le Danemark et l'Allemagne, p. 82.
Eididera, p. 69 n., 294-5.
Eidsiva (N.), 376.
EILÍFR (N.), archevêque de Throndhjem, p. 393.
* EILÍFR (Sira) (N.), p. 383.
EILÍFR Gudrunarson (I.), p. 17.
EILÍFR (Jarl) (D.), p. 203-4.
EILÍFR, væring (D.), p. 203.
EINARR (N.), archevêque de Throndhjem, pp. 352, 355.
EINARR Gilsson (I.), p. 446 n.
EINARR Haflidason (Sira) (N.), p. 404.
EINARR Skulason (N.), pp. 192 n., 211-2, 249 n.
EINARR Thambarskelfir (N.), pp. 107, 110, 115-6.
** EINDRIDI le jeune (N.), pp. 222 n, 245-6, 248-9, 254-5, 261-2.
Eisenach, p. 86 n.
Ekereyar (D.), p. 289.
EKKEHARD d'Urach, pp. 130, 138 n, 150, 151.
Elbe, pp. 36, 48, 82.
Eldingiafjöll (Monts Cérauniens), p. 442.
ELDRID de Rein, reine de Norvége, p. 311.
ELENARD DE SENINGHEM, p. 352-3.
ELÉONORE de Portugal, reine de Danemark, pp. 336, 330.
Éléphant (Ordre de l'), pp. 128, 4 7.
Eligoun (Terma), p. 147 n.
ELIN, p. 233.
ELISABETH (Sainte), p. 334.
ELISABETH de Vermandois, p. 251 n.
ELLINS *Källor*, p. 234.
Ellipaltar (Mer d'Azof), p. 67.
ELLIS (N.), pp. 349-50.
ELPHÈGE (Saint) de Cantorbéry, p. 22 n.
Elseneur (D.), pp. 234, 310.
Ἐμβολαί τρωαδησίαι, p. 196 n.
Emboli, p. 260. — V. *Imboli, Amphipolis*.
EMBRIACO (Guglielmo), p. 137 n.
EMICON (Le comte), p. 142.

EMON de Verum, p. 320.
Ems, pp. 133, 276, 320.
Enfants (Croisade des), p. 315.
ENGEL. V. MAGNUS JOHANSSON.
Engilsnæs, p. 85.
Engleterre, p. 144 n.
Enköping (S.), p. 370.
Époques de départ des Jórsalaferd, p. 60-61.
Ἑπταπύργιον, p. 196 n.
EREK, p. 434.
ERICHSEN (D.), p. 199 n.
ERICO (Alv-), roi fabuleux de Danemark, p. 220 n.
ERIK IX (Saint), roi de Suède, pp. 31, 231-2, 273, 305, 343, 380, 419.
ERIK Blódeix, roi de Norvége, p. 99.
ERIK Magnússon, roi de Norvége, pp. 358, 372, 431-2, 440.
** ERIK I LE BON, roi de Danemark, pp. 48, 57, 59, 60, 70, 83, 86, 88, 132, 149, 152-163, 166, 174 n., 175-6, 195, 197-9, 201, 204, 208, 217-8, 225-6, 288. — Hospices d'E., pp. 62, 86.
**ERIK II Emund, roi de Danemark, pp. 156-7, 159 n., 162-4, 204, 219-20, 227.
* ERIK III Lam, roi de Danemark, pp. 230, 225.
ERIK IV Plogpenning, roi de Danemark, p. 57.
ERIK V Glipping, roi de Danemark, p. 431.
ERIK VI Menved, roi de Danemark, p. 354.
ERIK Sigrsæli, roi de de Suède, p. 105.
ERIK X Knutsson, roi de Suède, p. 300 n.
ERIK XI Läspe, roi de Suède, pp. 273, 331.
**ERIK XIII de Poméranie, roi de Suède, p. 408.
ERIK (N.), archevêque de Throndhjem, p. 291 n.
ERIK Hakonarson, pp. 105-6, 107, 110, 114.
** ERIK Jarl Sigurdsson (N.), p. 263.
ERIK Stagbrellr, gendre de Rögnvaldr III, 261 n.
** ERIK Vidtförli, pp. 97, 448.
ERIK Olai, p. 12.
Erkulèss Stolpar, p. 77.
ERLENDR, comte des Orcades, pp. 239, 244.
ERLENDR Thorbergsson (N.), pp. 316,

318, 319, 320, 322, 324, 329, 330, 341.
ERLENDSSON (Haukr). — V. HAUKR.
ERLINGR jarl de Stödla et Gerda (N.), pp. 239. 244, 245, 253-4, 256, 290 n., 132, 339, 421, 444.
ERLINGR Skjalgsson(N.), 114, 117, 170 n.
ERLINGR Vidkunsson (N.), p. 397.
ERMENGARDE, pp. 251-3, 257.
Ermland (Arménie), p. 442.
ESBERN Snarri (D.), pp. 269-70, 288, 360.
ESBERN (D.), p. 447.
Escaut, pp. 221, 320.
Escosse, p. 144 n.
** ESKILL, archevêque de Lund (D.), pp. 33, 224, 226, 229-30, 317.
** ESKILL Sveinsson (D.), pp. 88, 226, 229, 288.
Espagne, pp. 55, 70, 71, 75, 79, 85, 96, 157 n., 181, 213 n., 238, 240, 254, 278, 297, 304, 321, 322, 328, 330, 333, 336, 349, 350, 413, 436. — Invasions des Normands en E., p. 22.— Croisades d'E., pp. 35 n., 36 n.
Espagnols, p. 351.
Espaingne, p. 352 n.
Esrom (D.), p. 317.
Esthonie, pp. 64, 158, 296, 304, 323, 354, 380-2.
Esthoniens, pp. 305, 364.
Estland, (Terre de l'Est), pp. 63, 296 n.
Estlandais, p. 100.
Etel (Rivière d') (Fetlafjord), p. 74.
ETHELRED, pp. 104, 111, 118.
ETIENNE (Main de Saint), p. 68.
ETIENNE, comte de Blois, p. 146.

ÉTIENNE, frère de Renaud II, comte de Bourgogne, p. 148 n.
ÉTIENNE (S.), arch. d'Upsal, p. 233.
ETLI, roi des Huns, p. 83.
Etroubles, p. 83.
EUDES, duc de Bourgogne, p. 148.
Eudoxa, p. 295.
EUDOXIE, femme de Théodose le Jeune, p. 294 n.
EUGÈNE III, pp. 220, 224-5, 249, 305.
EUMATHIOS Philokalès, p. 135.
EUPHEMIA de Rügen, p. 434.
Euphrate, p. 442.
Europe, passim.
EUSEBIO de Bugella (Jacques d'), p. 400.
EUSTACHE Grenier, p. 193.
Euxin, p. 71.
Everbach (Conrad d'). — V. CONRAD.
Evora (Evêque d'). pp. 321, 325.
EVRARD des Barres, sénéchal des Templiers, p. 249 n.
Exerogorgon, p. 143.
Exeter (Evêque d'), p. 336.
Exsocia (Saussens), p. 407.
Eyegod, explication de ce surnom, p. 153.
** EYOLFR (N.), p. 334.
EYSTEINN I, roi de Norvége, pp. 174-6, 177, 179, 186 n., 204-7 208-9, 213, 243, 246.
EYSTEINN II, roi de Norvége, p. 244.
EYSTEINN (N.), arch. de Throndhjem, p. 319.
** EYSTEINN de Såstad (S.), p. 301.
EYVINDR THJÓSTARSON de Heikskala (I.), p. 97.

F

FABRICIUS (Georges), p. 221.
FAFNIR, p. 82.
Fagrskinna, pp. 5, 99, 108, 196 n.
Far (Le Ferrol), p. 74.
Farmanna lög, pp. 6, 50.
FARRER (Dr James), p. 236, 237.
FASTR de Gredby (S.), p. 301.
Faucons (Commerce des), pp. 351, 376.
FAUSTINUS Nicea, p. 442.
FAUSTUS Aquila, p. 442.

Fegnisbrekka (Monte Fajano), p. 84.
FELIPE d'Espagne (Don), pp. 213 n., 350.
Femenie, pp. 147 n.
Feneyar (Venise), p. 86.
Ferduborg (Verden), p. 82.
Ferentino, p. 84.
Ferla, p. 86 n.
Ferma (N.), p. 383.
FERRAND (Don) de Portugal, 322.
Ferrara, p. 86 n.

Ferrare (Marquis de), p. 285.
Ferrol (Le), pp. 74, 278, 321.
Fetlafjord (Rivière d'Etel), p. 74.
FIDANTIUS, cardinal du titre de Saint-Marcel, légat dans le Nord, p. 296.
FJELDING (Sveinn) (D.), p. 56 n.
Figeac, p. 397.
FILANGIERI (Richard), p. 337.
Finemine (Philomelium), p. 148 n.
Finimini, p. 147.
Finlande, pp. 231, 354, 362, 399, 400, 402.
Finlandais, pp. 305, 344.
Finnmark (N.), p. 343.
Finnois, pp. 15, 17 n.
** FINNR Skóptason (N.), pp. 168, 169.
FINNR Arnason (N.), p. 244 n.
Finns, p. 269.
** FINNVID (S.), curé de Nässjöhult, pp. 369, 370.
FINNVID Fundinn (N.), 167.
Finveden (Le) (S.), p. 369.
Fionie (Maison de) (D.), pp. 48, 157, 220, 288, 299, 318, 447.
Firenze (Florence), p. 86 n.
Firlunda (S.), p. 382.
Fivizuborg, p. 82.
Flamands, pp. 145 n., 165, 171, 279, 284, 436.
Flament, p. 145 n.
Flandres, pp. 144 n., 164, 170, 171, 185, 195, 214, 255, 264 n, 277, 279, 343, 389, 430-1. — Jeanne de F., p. 322. — Comtesse de F., p. 313 n. — Henri de F., pp. 294 n., 312. — Charles le Danois comte de F., p. 184. — Robert, comte de F., p. 184 n.
Flandrenses, p. 277 n.
Flandri, p. 145 n.
Flandria, pp. 130 n., 134 n.
Flateyarbók, pp. 5, 98-99, 102.
Flaviansborg (Borgo San-Flaviano, Monte Fiascone), p. 84.
Flettunæs (N.), p. 247.
Fleurs de lis dans les blasons du Nord, p. 220.
Florence, p. 389. — Monaco de F., p. 274.
Florenciusborg (Ferentino), p. 84.
Florens (Firenze), p. 86 n.
FLORES et Blanchefleur, p. 434, 447.

FLORES ok LEO, p. 434.
FLORIE, p. 148.
FLORINE, pp. 147-9.
Flóruvágr (N.), p. 292.
*FOLKI Karlsson (S.), p. 382.
FOLKI Ulfsson (S.), pp. 383.
FOLEMAR, p. 142.
FOLKUNGES (S.), pp. 232, 370.
** FOLKVIN de Visby (S.), p. 369.
Fondi, p. 84.
Forez (Guigues IV, comte de), p. 306.
Formalités imposées aux pèlerins, pp. 378-9.
Formentera, pp. 79, 181-2.
Forsith (Peter de) (D.), p. 382.
Fosnæs (N.), p. 290 n.
Fóstbrædra Saga, p. 121.
FOUCHER d'Alençon, p. 145 n.
FOUCHER de Chartres, pp. 130, 145, 148, 151, 166 n., 174, 178 n., 186, 190, 194.
FOULQUES Leo, p. 306.
Foxerni (S.), p. 168.
Frais du voyage des Scandinaves en Terre-Sainte, pp. 56-57.
Frakkakastali (Villafranca), p. 83.
Français, pp. 222, 224, 283. — Ouvriers français dans le Nord, p. 430.
Français parlé par les Scandinaves, p. 61 et n.
France, pp. 2, 22, 36-7, 52, 55, 70, 73-5, 82, 85, 99, 126, 128, 140, 145 n., 148 n., 157, 170, 180, 220, 226-7, 230, 242, 251, 255, 266, 278, 285, 296, 308, 323, 347-8, 349, 350, 361, 370, 374, 377, 384, 391-2, 394, 414, 416, 418, 422, 425, 428, 430-6, 439. — Rapports de la F. avec la Norvége, p. 10. — Invasions des Normands en F., p. 30.
Franci, pp. 130 n., 145 n.
Francia, p. 129 n.
FRANCISCO de Tiberlis, p. 395.
Francs, pp. 77, 144 n., 272, 280, 305.
FRÉDÉRIC 1er Barberousse, empereur d'Allemagne, pp. 119, 268, 275, 283 n., 433.
FRÉDÉRIC II, empereur d'Allemagne, pp. 330-1, 333-4, 336-8, 340-1, 343-4, 349.
FRÉDÉRIC de Hapsbourg, p. 408.

INDEX GÉNÉRAL.

FRÉDÉRIK, évêque allemand, compagnon de Thorvaldr Kódransson, pp. 101-2.
FRÉDÉRIK de Normandie, p. 434.
FRÉDÉRIK Styrlaugsson (N.), p. 398.
Fridsæla (Verceil), p. 83.
Frise, pp. 37, 73, 144 n., 277, 288, 334.
Frisen, p. 274 n.
Frisi, p. 145 n.
Fri ia, p. 134 n.
Frisones, pp. 134 n., 142, 274 n., 277 n., 279 n., 282 n.
Frisons, pp. 56, 71, 133-4, 144-5, 185, 276, 282, 296, 319, 320, 322, 324, 326, 329, 330-1, 356, 360, 346.
Fritzlar, p. 82.
FRÓDI, p. 251.
Frosta (N.), p. 376.
Frostathing, p. 177 n. — Loi de F., pp. 6, 386.
FRÆKNIR (Sigurgard), p. 448.
Fröshammar (Anundr de) (S.), p. 383.
Fucecchio, p. 83.
FULLER, p. 221.
FYRRI, p. 72.
Färjestad (S.), p 231.
Færöer, pp. 6-7, 19, 26, 43, 271-2, 310, 401-2. — Leur rôle dans les Jórsalaferd, p. 41.

G

Gaële, p. 233.
Galance (Raymond de), p. 406.
Galdrar d'Odin, p. 155 n.
GALERANT de Meulan, p. 251.
Galice, pp. 73-4, 180, 237-8, 253-4, 277, 321.
Galicia, p. 130 n.
Galles, p. 273.
Gallia, p. 130 n.
Gand, pp. 202, 375.
Gand (Pierre de), légat, p. 404.
Gandurheim, p. 82.
Gardar, p. 65, 364-6, 420. — Évêque de G., p. 394.
Gardariki, p. 103.
Gardes (Royaume des), pp. 65, 159 n.
Gargani (Monte), p. 84.
GAUBERT de Bruges, p. 184 n.
GAUCELIN du Chêne, p. 404.
GAUFRED (D.), abbé de Sorö, p. 299.
*GAUNGU HROLF (N.). V. HROLF.
GAUTHIER de Montbéliard, p. 312 n.
GAUTHIER de Thérouanne, p. 184 n.
GAUTHIER Sans-Avoir, pp. 129, 142.
** GAUTI (N.), p. 113.
** GAUTR Jórsalafari (N.), pp. 113, 116.
** GAUTR de Mæl (N.), pp. 316, 330.
GAUTR d'Ænes (N.), p. 330.
GAWIAN (Ywan et), p. 434.
GAZZERA (Costanzo), p. 277 n.
Geiplu Rimur, p. 434.
GEIRA, première femme d'Olaf Ier de Norvége, pp. 100, 110-1.
GEIRBJÖRN, p. 251.
GEIRRÖD, roi d'Utgard, p. 18.
GELMIREZ (D. Diego), év. de Compostelle, p. 238.
Gembloux (Sigebert et Anselme de) p. 221.
Gênes, pp. 86, 178, 329.
Genin, p. 87.
Génois, pp. 137 n, 183.
GEOFFROY de Calwinch, p. 396.
GEOFFROY Celary, p. 404.
GEOFFROY de Grenville, p 285.
GEORGES Maniakès, p. 124.
GEORGES Vsevolodovitch, prince de Sousdal, p. 336.
** GERARD de Gotland (S.), p. 369.
GERARD af Grimberge, p. 352.
GERARD, comte de Holstein, p. 402.
Gerda (N), p. 244.
Germanusborg (San Germano), p. 84.
GEROLD de Lausanne, patriarche de Jérusalem, p. 336.
GERVAIS (Pierre), pp. 400-3.
GIBB, p. 237 n.
GIBBON, son opinion sur la présence des Scandinaves aux croisades, p. 2.
Gibelet, p. 298.
GIBELIN, patriarche de Jérusalem, p.189 n.
Gibraltar (Détroit de), pp. 71, 72 n., 77-8, 87, 90, 120, 170, 181, 236, 250,

255, 277-8, 297, 312, 323, 352, 358.
Gien (Comte de). p. 285.
GILBERT, év. de Lisbonne, pp. 254-5.
GILBERT (N.), év. d'Hamar, p. 351.
Gilin, p. 87.
Gilja (I.), pp. 100, 101 n., 105.
GILLES de Mevania, p. 405 n.
Gimsteinar (Indverskir), p. 447.
Giovanezza, p. 84.
Giskö (Gizki) (N.), p. 167 n. V. *Gizki*.
** GISLI Petersson (S.), p. 358.
** GISSUR Hallsson (I.), pp. 98, 299, 433.
GISSUR jarl (I.), p. 313.
Gizki (N.), pp. 167 n. 170, — Maison de G., pp. 167, 319, 375, — Nicolas de G., p. 343, — Ragnildr de G., p. 341.
GJUKUNGE (Gunnar le), p. 83.
Gjukunges, p. 200.
Glæsisvall, p. 16.
Gnitaheidr, p. 82.
GOBELIN Persona, p. 150 n.
GODEFROY (Gudifreyr), pp. 253-9.
GODEFROY de Bouillon, pp. 88, 128, 130, 136, 143-5, 151, 162, 166, 174 n., 196 n. 445.
GODHILD, p. 145 n.
GODSKALK, roi des Vendes, p. 157.
GODSKALK, dominicain, p. 399.
GODSKALK, p. 142.
GODVIN, p. 125 n.
GORM, roi de Danemark; son pèlerinage en Orient, p. 18.
Gortyniens, p. 203.
Goslar, p. 86 n.
GOSVIN SVERRISSON, p. 324.
Gothembourg (S.), pp. 28 n., 209.
Gothi, pp. 129, 272 n.
Gothie, pp. 231, 233-4, 274, 317.
Goths de Suède, pp. 29, 274.
Goths, pp. 30, 272.
Goti, p. 274.
Gotland (Ile de) (S.), pp. 63, 64, 158, 369, 395, 400, 402, 426 n., 437-8, — Loi de G., pp. 51 n., 431. — Saga de G., p. 8.
Gotlandais en Crimée, pp. 64-5.
Gotones, p. 15.
Grágás, p. 6.
GRAMM (D.), pp. 151, 199 n.
GRAND (Jens) (D.), arch. de Lund, p. 57.
GRANTEMESNIL. V. ALBÉRIC, GUILLAUME, YVES.

Grec dans le Nord, pp. 444-5.
Grèce, pp. 46, 47, 50, 65, 80, 83, 97, 103, 110, 143, 161, 269, 319, 444, 448, — Mer de G., pp. 78, 185, 242. — Normands païens en G., p. 71.
Grecque (Église), son influence sur celles du Nord, p. 419.
Grecs, pp. 135, 141, 147, 184 n., 245, 261, 275, 294.
Gredby (Fastr de) (S.), p. 301.
GRÉGOIRE VII, pape, pp. 128 n., 152 n.
GRÉGOIRE VIII, pp. 267-8, 277.
GRÉGOIRE IX, pp. 336, 344, 346, 354, 378.
GRÉGOIRE X, pp. 360, 362, 371.
GRÉGOIRE d'Arménie (Chef de Saint), p. 68.
GRÉGOIRE de Nazianze (Saint), p. 69.
Greifswald, p. 106.
GRENIER (Eustache), p. 193.
Grenville (Geoffroy de), p. 285.
Griffons, p. 294.
Grikklandsalti (Mer de Grèce), pp. 78, 185.
Grikklandsfarir, pp. 46, 47.
Grimberghe (Gerard af), p. 352.
** GRIMKELL de Flettunæs (N.), p. 247.
GRIMR Rusli (I.), p. 263.
Grimsby, p. 245.
Gripla, pp. 432, 440.
Gripsholm (S.), p. 301.
GRIS Sæmingarson, l'un des premiers Værings, p. 97.
Grisli (Baie de), p. 74.
Grius, p. 200 n.
Grue (La), navire d'Olaf Ier de Norvége, pp. 106-7.
Grund, p. 16.
Grunnavik (Snorri de) (I.), p. 313.
Græci, pp. 130 n., 146 n.
Græcia, pp. 130 n., 143 n.
Grönland, pp. 6, 10, 11, 23, 26, 33, 364-6, 398, 420.
Guadalquivir, p. 75.
Guadiana, p. 75.
GUALTEROTTI (Giovanni), p. 389 n.
GUDIFREYR, pp. 253, 259.
GUDISTEIZ (Pelage), p. 238.
GUDMUNDR, évêque d'Hólar (I.), p. 334.
Guds Riddarar, p. 426.
GUDVÈRE ou Godhild, femme de Godefroy de Bouillon, p. 145 n.

Gueldres (Duc de), pp. 279 n., 282.
Guérande (Varrandi), p. 74.
Guerres saintes, passim.
GUGLIELMO Embriaco, p. 137 n.
GUIBERT DE NOGENT, pp. 62, 129, 130.
GUIDICCIONI, p. 366.
GUIGUES IV, comte de Forez, p. 306.
Guihol (San Felice de), p. 323.
GUILBERT (Jean), légat collecteur dans le Nord, pp. 404-7.
GUILLAUME, roi de Sicile, p. 280.
GUILLAUME V, comte de Montpellier, pp. 182-3.
GUILLAUME IX, comte de Poitiers, p. 146.
GUILLAUME III Talvas, comte de Ponthieu, p. 148 n.
GUILLAUME, légat, p. 394.
GUILLAUME de Paray, légat, p. 404.
GUILLAUME de Sabine, légat, p. 346.
GUILLAUME, évêque d'Exeter, p. 336.
GUILLAUME (N.), évêque des Orcades, p. 398. V. VILJALMR.
GUILLAUME (D.), évêque de Roeskild, p. 126.
GUILLAUME de Barneville, p. 138.
GUILLAUME le Charpentier, p. 138.
GUILLAUME, Frison, p. 185 n.
GUILLAUME de Grantemesnil, p. 138.
GUILLAUME de Jumiéges, p. 17 n.
GUILLAUME Li Cort-Nez, p. 223.
GUILLAUME de Malmesbury, pp. 60, 129, 152 n., 174, 179 n., 182, 186 n., 193, 195, 202 n., 214, 221.
GUILLAUME de Nangis, p. 222.
GUILLAUME de Neubridge, p. 222.
GUILLAUME de Ninove, p. 146.
GUILLAUME de Planesa, p. 404.
GUILLAUME de Sabran, p. 137.
GUILLAUME de Tyr, pp. 146-8, 166 n., 174, 176, 186 n., 191-2, 194, 214, 258-9, 280, 432.
GUILLAUME (Fort du comte), p. 74.
GUILLELME li Vasles, p. 145 n.
GUINEMER de Boulogne, pp. 134-7, 141.
GUISCARD (Robert), p. 198. V. ROBERT.

Gula (N.), pp. 175, 376.
Gulathing, p. 177 n.—G. Lög, pp. 6, 49.
Gullbeinir, p. 242.
Gullbringa (I.), p. 313.
Gullhálsarnir, p. 427.
Gullvarta (Porte d'Or), p. 196.
GUNFROY, châtelain de la tour de David, p. 167.
GUNNAR (D.), évêque de Viborg, p. 338.
GUNNAR le Gjukunge, p. 83.
GUNNHILDR (N.), mère de Sverrir, p. 271.
GUNNHILDR (N.), comtesse des Orcades, p. 244.
GUNNLAUGR Leifsson (I.), auteur d'une des Sagas d'Olaf Tryggvason, pp. 100, 103-4, 109, 113, 116 n., 118.
Gunnvaldsborg (Tuy), p. 74.
Guta Saga, p. 8.
** GUTHSERK de Lund (S.), p. 302 n.
GUTTORMR, roi de Norvége, pp. 311, 316-7.
GUTTORMR (N.), archev. de Throndhem, pp. 315-6.
** GUTTORMR de Hadeland (N.), pp. 246, 250.
GUTTORMR de Rein (N.), p. 319.
GUY de Lusignan, p. 280.
GUY, roi de ?, p. 389.
GUY d'Avena, p, 397.
GUY de Bazoches, pp. 221 n., 273.
GUY de Blandras, p. 181 n.
GUY de Croix, légat, pp. 407-8.
GUY Troussel, p. 138.
Guyenne, p. 74.
GYDA (D), fille de Sveinn Tjuguskeggr, p. 125 n.
GYDA (D.), fille de Thorkell, p. 125 n.
GYDA (N.), femme de Bárdr Smidr, p. 358.
** GYDA de Skenninge, p. 359.
GÖSTAF Arfvidsson (S.), p. 405.
GÖTAR, p. 29. — Assimilés aux *Gotones*, p. 15.
Götened (S.), pp. 233-4.
Götha (Fleuve) (S.), pp. 168 n., 209, 289.
GÖTHRIK, p. 139.

H

Habits des pèlerins, p. 55.
Hache danoise, pp. 54 et n., 140-2, 146 n.
HADDING, p. 308.
Hadeland (N.), p. 246.
HADEWECK de Westphalie, p. 139.

Hadji, assimilé à **Jórsalafari**, p. 46.
HAELWAECH (Albert), p. 151.
Hainaut, p. 279.
Hairun (Sainte-Marie de), pp. 75, 322-3.
Haïvan Seraï, p. 196 n.
HÁKON Ier le Bon, roi de Norvége, p. 99.
HÁKON II Thorisfóstri, roi de Norvége, p. 177.
HÁKON III Sverrisson, roi de Norvége, pp. 310-1, 344, 434.
* HÁKON IV le Vieux ou le Grand, roi de Norvége, pp. 6, 42, 72, 184 n., 213 n., 316, 318-9, 330, 334-5, 340-357, 364-5, 375-7, 390, 394, 396, 411, 427, 430, 434.
*HÁKON V le Jeune, roi de Norvége, pp. 349-50, 378.
HÁKON VI Magnússon, roi de Norvége, pp. 7, 371, 418, 433-4.
HÁKON Eiriksson, jarl suédois, p. 157 n.
**HÁKON Pálsson (N.), jarl des Orcades, pp. 175, 238, 240, 247.
HÁKON le Puissant, pp. 105, 244 n.
HÁKON (N.), év. de Bergen, pp. 401-2.
**HÁKON (S.), curé de Saint-Lars de Lund, p. 302 n.
HÁKON (D.), prieur des Dominicains, p. 349.
HÁKON Erlingsson (N.), chanoine de Bergen, p. 399.
*HÁKON (S.), archidiacre du Njudingen, p. 383.
**HÁKON Eysill (I), p. 351.
*HÁKON Knutsson de Råby (S.), p. 383.
**HÁKON de Jutland (D.), p. 288.
HÁKON Serksson (N.), p. 212.
Hákonarbók, p. 6.
Halberstadt, pp. 150, 307.
Halland (S.), pp. 37, 262, 318 n.—Comtes de H., p. 317.
**HALLDORR Skvaldri (I.), pp. 179, 181, 211.
**HALLDORR Snorrason (I.), pp. 110, 124, 178.
HALLFRÖDR Vandrædaskaldr (I), pp. 99, 107, 111.
HALLR Thorarinsson (I.), p. 244 n.
Halnö (N.), p. 290 n.
Hals (D.), p. 289.
HALSTEINUS (S.), p. 232 n.
HALVARD (Saint) (N.), pp. 227, 379.
Halvard (Saint-) d'Oslo, p. 215 n.

Hamar (N), pp. 347, 398-9, 407 n.—Évêque d'H., pp. 351, 393, 399.
Hambourg, pp. 277, 401.—Archevêques de H., pp. 132, 154, 158.
**HÁMUNDR Thorvaldsson (N.), p. 178.
Hanabrunnir (Hanovre), p. 82.
Hangandaborg, p. 83.
Hanovre, p. 82.
Hanse, pp. 375, 377, 428.
HANSEN (Erik), p. 234.
Hapsbourg (Frédéric de), p. 408.
HARALD Harfágri, roi de Norvége, pp. 23, 99-100, 167.
**HARALD le Sévère, roi de Norvége, pp. 68, 97, 110 n., 113-5, 121, 123-5, 157 n., 167, 178, 201 n., 246 n., 411.
HARALD Gilli, roi de Norvége, pp. 175 n., 242-5, 262.
HARALD Hein, roi de Danemark, p. 126.
HARALD Godvinsson, roi d'Angleterre, p. 118 n.
HARALD (Mstislav), roi des Gardes, p. 159.
HARALD, jarl des Orcades, p. 241.
HARALD Gudrödsson, prince de Man, p. 129 n.
HARALD Kesja, prince danois, p. 156.
HARALD Maddhadsson, earl de Kaithness, p. 248.
HARALD, chanoine de Linköping (S.), p. 399.
**HARALD de Gripsholm (S.), p. 301.
HÅRD de Näs (S.), p. 231.
Hardanger (N.), p. 330.
**HARDING Eadnótsson, p. 139.
HÁREKR de Sætri (N.), p. 246.
Harmund (Ayamunte), p. 323.
Harnæm (S.), p. 383.
Harray (Loch de), p. 236.
Harsefeld, p. 82.
HARTVICK, archevêque de Brême, pp. 296-8.
HASTING, p. 21.
Hastings (Bataille d'), p. 118 n.
Hatta-Lykill, p. 244 n.
Haukadal (N.), p. 103.
HAUKR Erlendsson (N.), pp. 86, 98, 432-3, 442-4.
Hauksbok, p. 7.
HAUTEVILLE (Maison de), p. 19.
HAUTEVILLE (Tancrède de), p. 183.
HAYTHON de Górigos, pp. 192 n., 394 n.

Hébrides (Iles), pp. 19, 26, 170, 184 n., 250 n., 407 n.
Hébridois, p. 286.
Hébron, p. 443.
Hector, p. 279. — Saga d'H., p. 447.
Hedin, p. 102.
Heeren, son opinion sur la présence des Scandinaves aux croisades, pp. 2, 10.
Heidaby (D.) (Slesvig), pp. 33 n., 64, 82, 156, 204.
Heidabæar (Heidaby) (D.), p. 82.
Heitsinnabæar (D.) (Itzehoe), p. 82.
Heikskala (I.), p. 97.
Heimnæs (Arnbjörn d') (N.), p. 383.
Heimskringla, pp. 4-5.
Heklungar, p. 290 n.
Helder (Le) (Cuidfall), p. 73.
Helena (Sancta), p. 162 n.
Hélène (Sainte), pp. 69, 188, 358.
Hélène ou Alix, fille d'Eudes, duc de Bourgogne, p. 148.
**Hélène de Skedewi (S.), pp. 233-4.
Helenopolis, p. 143.
Helga Löndir, terres saintes, pp. 18, 38.
Helga de Sætri (N.), p. 246.
Helci, év. d'Oslo (N.), p. 393.
Helgi Bogransson (N.), pp. 330-1.
Hellespont, p. 17.
Hellin de Wavrin, p. 279.
Helveg, p. 14.
**Hemingr Hjárrandarson (I.), p. 121.
Henri IV, empereur d'Allemagne, p. 157 n.
Henri V, empereur d'Allemagne, p. 203.
Henri VI, empereur d'Allemagne, pp. 295-6, 298, 309. — Il trouve les trésors cachés en Italie par les Normands, p. 84 n.
Henri Ier, roi de France, p. 123.
Henri Beauclerc, roi d'Angleterre, pp. 141, 179.
Henri, roi des Vendes, p. 157.
Henri de Flandres, pp. 294, 312.
Henri, duc de Limbourg, p. 337.
Henri le Lion, p. 286.
Henri de Schwerin, pp. 332-3.
Henri Biskop, chan. de Lübeck, p. 406.
Henri d'Huntingdon, pp. 130, 144.
**Henrik, évêque de Linköping (S.), pp. 358, 369-70.
**Henrik, évêque de Vendsyssel (D.), p. 150 n.
**Henrik Findorsson de Lund (S.), p. 302 n.
Héraclée, p. 145.
Héraclius, patriarche de Jérusalem, p. 267.
Hercolano, p. 313 n.
Hercule (Colonnes d'), pp. 76, 77, 120 n. — Ile d'H. à Cadix, p. 75.
Hereford (Hermann de), p. 396.
Hermann Corner, p. 130-1.
Hermann de Hereford, p. 396.
**Hermann de Linköping (S.), p. 369 n.
Hermann, p. 142.
Hermite (Pierre l'). V. Pierre.
Herra, p. 425.
Hertha (Bois d'), p. 18.
Hevehe (Béliers de), p. 327.
Hessleby (S.), p. 383.
**Heymund, archiprêtre de Visby (S.), p. 369.
Hjálmar (Lac) (S.), p. 19.
Hialmars Saga, p. 13.
Hjalti (I.), l'un des apôtres de l'Islande, p. 105.
Hjalti Skeggjason (I.), p. 113.
Hibernia, pp. 130 n., 273 n.
Hidi Unason (N.), frère de Sverrir, p. 310.
Hierosolyma, p. 152 n. V. *Jérusalem*.
Higuera (Roman de la), p. 13 n.
Hildesheim, pp. 82, 101 n.
Hindey (Andres de) (N.), pp. 342-3.
Hjorleifr Gilsson (I.), p. 334.
Hippodrome (Jeux de l'), à Constantinople, pp. 160-1, 199-200.
Hird, p. 417. — H. des princes de Russie, origine de la garde væringue, p. 97.
Hirdmadr, p. 357.
Hirdskrá, pp. 6, 418.
Historiens scandinaves modernes, p. 12.
Hladi (N.), p. 113.
Hneitir, épée d'Olaf I, p. 122.
Hodegetria, p. 294 n.
Hólar, évêché en Islande, pp. 6 n. 407 n., 420. — Evêques d'H., pp. 334, 362, 393, 401-2.
Holl, p. 74.
Holbo (D.), p. 234 n.
Hollande, pp. 23, 37, 73, 277, 343, 378,

429.— Comtes de H., pp. 320-2, 324-8.
Hollandais, pp. 56, 76, 133, 320, 329.
Holm (Abbaye de) (N.), pp. 248, 347.
Holmgard, pp. 30, 65, 331.
* Holmgeir Ulfsson de Bredastadr (S.), pp. 372, 383.
Holmgrá (N.), p. 243.
Holstein, pp. 133, 142, 283, 296, 317.— Armes de H., p. 298.— Comtes de H., pp. 275, 334, 402.
Hongrie, pp. 52, 295, 334.—Roi de H., pp. 318, 345.
Hongrois, entravent les voyages en Terre Sainte, p. 63.
Honoré d'Autun, p. 432 n.
Honorius III, pape, pp. 273, 315-7, 321 n., 323-4, 327-8, 331-3, 336, 341-2.
Hôpital (Ordre de l'), pp. 321, 326-7.
Horsafellz (Harsefeld), p. 82.
Horus, p. 82.
Hospices pour les pèlerins, pp. 58-59, 436. — d'Erik le Bon, pp. 83, 86. — du Dovrefjeld, p. 206. — des Alpes, p. 83. — de la comtesse Mathilde, p. 83. — à Acre, p. 283.
Hospitaliers, pp. 389, 390, 395-6, 403, 426, 443.
Hovedey (N.), pp. 346, 405.
Hr. (Pour les noms commençant par ces deux initiales voir à l'R.)
Hreidarr (N.), chanoine d'Oslo, p. 398.
**Hreidarr Sendimadr (N.), pp. 293, 309-13.
Hringr, p. 448.
**Hróarr? p. 319.
**Hroarr Konungsfrændi (N.), pp. 310, 316, 318, 319, 320, 322, 330, 341.

Hrokkinskinna, p. 4.
**Hrolfr (Gaungu-), pp. 97, 448. — V. Rollon.
Hrossey (Orcades), pp. 248, 250.
Hryggjarstykkir, p. 5.
Hubald, légat en Danemark, p. 225.
Hubert de Salisbury, p. 294.
Huelva, pp. 75, 238.
Hugon de Constantinople et les douze pairs de France, p. 159 n.
Hugonis Spinæ (Lapis), p. 389 n.
Hugsvinnsmál, p. 432 n.
Hugues IV de Lusignan, p. 394 n.
Hugues le Maîné, p. 145.
Hugues de Saint-Pol, p. 138.
Hugues de Tibériade, p. 167.
Huguiccio de Castiglione, légat dans le Nord, pp. 367-8, 372, 391-2.
Huns, p. 83.
Huon (Le Senescal), p. 145 n.
Huseby (D.), p. 317.
Husby (S.), p. 369.
Hussites, p. 408.
Huy, p. 221.
Hveitslur, pp. 25, 205.
Hvetuminni, p. 250.
Hvile Höi, près Slagelse (D.), p. 308.
Hvitaby (Whiteby), p. 250 n.
Hvitavadir, p. 94.
Hvitfeldt, pp. 12, 151 n., 219.
Hvitingsey (S.), p. 311.
Hvitsandr (Wissant), p. 73.
Hvitstadt, p. 86 n.
Hypothèques, p. 57.
Högnatorp (S.), pp. 369, 371.
Hördaknut. V. Knut.
Hördaland (N.), pp. 106-8, 179, 244, 246 n.

I J

Jacob, (Chef de), p. 68. — Puits de J., p. 87.
Jacobus de Avenis, p. 135 n.
Jacques (Saint), p. 180. — Ses reliques, pp. 68-9. — St.-J. de Compostelle, p. 278, v. *Compostelle*.
**Jacques d'Avesnes, pp. 62, 279, 281-2, 283, 284, 285, 286, 293.
Jacques d'Eusebio de Bugella, p. 400.
Jacques de Savelle, cardinal, p. 391.

Jaën (Alphonse, évêque de), p. 161 n.,— Wali de J., pp. 325-6.
Jakob d'Asky (S.), p. 383.
**Jakob de Linköping (S.), p. 369 n.
Jakobsbrunnr (Puits de Jacob), p. 87.
Jakobsland (Galice), pp. 74, 180.
Jalandarnæs, p. 70.
Jardin d'Abraham, p. 89.
Jarls en Norvége, pp. 25, 98-9, 111, 122.

JAROSLAV, p. 121.
**JÁTVARD Bonde (S.), p. 232.
IBN-EL-ATHIR, pp. 138 n., 178 n., 186 n., 192 n., 194, 214, 258.
IBN-EL-WARDHI, p. 76.
IBN-GIOUZI, pp. 166 n., 194.
IBN-IYAS, p. 76.
IBN-KHALDOUN, pp. 178 n., 186 n. 192 n. 194, 214.
Iccius (Portus), p. 73.
Iconium, pp. 147, 221.
JEAN-BAPTISTE (Saint), pp. 68-9, 104.
JEAN XVIII, pape, p. 112.
JEAN XXII, pape, pp. 403, 407 n.
JEAN Sans-Terre, p. 310 n.
JEAN de Brienne, roi de Jérusalem, pp. 312, 332.
JEAN de Plaisance, légat dans le Nord, p. 390.
JEAN, évêque de Tusculum, p. 392.
JEAN de Bordeaux, p. 399.
JEAN Cornet, p. 404.
JEAN Ducas, p. 138.
JEAN du Pré, p. 398.
JEAN de Reppre, p. 404.
JEAN de Seron, légat du pape dans le Nord, pp. 397-9.
JEAN, V. JOHAN.
JEHAN de Nesle, p. 306.
Jemtes, p. 206.
JENS Grand, archev. de Lund, p. 57.
JENS Nyborg (D.), évêque de Roeskild, p. 400.
Jéricho, pp. 46, 89, 187, 193, 443.
Jerosolimitæ, p. 15 n.|
Jérusalem, passim. — Rois de J., pp. 312, 329, 333, 389, — Patriarches de J., pp. 331, 336, 351, 355, — Inscriptions runiques concernant J., p. 11. —Mer de J. (Méditerranée), p. 78.
Jeux de l'Hippodrome, pp. 160-1.
IGOR de Russie, p. 97.
Igridi (Lac d'), p. 149.
Iles (Royaume des), pp. 26, 129, 142, 245, 247, 261, 272.
Iliansborg (Saint-Gilles,) p. 85.
Iliansmessa (Fête de Saint-Gilles), p. 85.
Iliansvegr (Route du Nord à Rome par Saint-Gilles), pp. 85, 86.
Illa-konu Kastali (Le Château de la Mauvaise femme à Monte-Chielle), p. 84.
Imboli (Amphipolis), pp. 69, 260.
Importance numérique des Jórsalaferd, pp. 47-49.
Impôts levés par Sigurd I, p. 177-8.
Incendie de Copenhague en 1728, p. 2.
Inde, pp. 15, 96-7, 246.
Indulgences, pp. 305, 314, 331, 349, 355, 362, 379-81.
Indverskir Gimsteinar, p. 447.
INGEBURGE de France (confondue avec Botild), pp. 163 n., 285, 313 n.
INGI Ier, roi de Norvége, pp. 209, 244-6.
*INGI II, roi de Norvége, pp. 311, 315, 318, 319, 341-3.
INGI (Thorgils Thufuskitr), prétendant norvégien, p. 310.
INGI, roi de Suède, pp. 131, 169.
INGI II Halstansson, roi de Suède, p. 232.
INGJALD Jónsson (N.), p. 405.
INGÍBJÖRG, femme d'Eysteinn I de Norvége, pp. 176, 213, 246.
INGÍBJÖRG (Ingeburge), reine de France), p. 285. — V. INGEBURGE.
**INGÍBJÖRG, fille de Magnús VI de Norvége, pp. 311-2, 342 n.
INGÍBJÖRG (La duchesse) (S.), p. 399.
INGÍBJÖRG la belle, comtesse des Orcades, p. 239.
INGÍBJÖRG (N.), femme d'Andres Skjaldabrandr, p. 342-3.
*INGÍBJÖRG (S.), femme de Bengt Petersson, p. 383.
INGÍBJÖRG de Kallundborg (D.), p. 360.
INGIGERDE. — V. ANNE de France.
INGIGERDR (N.), fille de Rögnvaldr, III, p. 261 n.
INGRID des Orcades, pp. 246-7.
INGRID (D.), sœur d'Absalon, p. 288 n.
*INGRID d'Asky (S.), p. 383.
*INGRID, femme de Folki Ulfsson (S.), p. 383.
**INGRID de Skenninge (S.), pp. 359-60.
Ingriens, p. 305.
INGVARR de Birja (S), chan. d'Upsal, p. 395.
**INGVARR de Gripsholm (S.), p. 301.
INGVARR Ingimundarson (S.), pp. 398-9.
**INGVARR Vidtförli, pp. 97, 448.
INGVARR. — V. IVARR.
INNOCENT III, pape, pp. 306, 309, 313-5.

INNOCENT IV, pape, pp. 348, 354, 390.
INNOCENT VI, pape, p. 407.
INNSBRÜCK, p. 86 n.
Inscriptions relatives aux pèlerins et aux croisés du Nord, p. 11. — I. runiques, *ibid.*
Insignes des pèlerins, pp. 55-6.
Joforey, p. 83.
JOHAN, archidiacre de Roeskild (D.), p. 392.
JOHAN, curé de Köping (S.), p. 405.
**JOHAN Ebbason (D.), pp. 335-7.
JOHAN Kalfsson (D.), p. 382.
JOHAN de Linköping (S.), p. 369.
JOHAN Rythe (D.), p. 392.
JOHAN de Skenninge (S.), p. 359.
**JOHAN Sunason (S.), pp. 299-300.
JOHANNES Magnus, p. 12.
Jóhanniskastali (Samarie), p. 87.
JOHANSSON (Lars). — V. LARS.
Joigny (Isabelle de), p. 418.
JOINVILLE, pp. 55, 352.
JÓN, roi de Småland, p. 448.
JÓN af Indialandi, p. 447.
JÓN Byrgisson (N.), 1er archev. de Throndhjem, pp. 209, 249 n.
JÓN le Rouge (N.), archev. de Throndhjem, pp. 361, 365-6, 368, 391.
JÓN, évêque de Skalhólt (I.), p. 402.
JÓN Arnason Hvittr (L.), pp. 398-9.
JÓN Buddha (S.), p. 360 n.
**JÓN Petrsson d'Aurland (N.), pp. 246, 248, 254, 260.
**JONAS de Sorö (D.), pp. 47 n., 301.
Jonköping (S.), pp. 399, 404-7.
Jónsbók, p. 6.
JÓNSSON. — V. ARNGRIMR.
JOPPÉ, pp. 137, 139, 164, 167, 185-6, 297, 307.
Jórsala (Jérusalem), p. 204 n. — V. *Jérusalem*.
Jórsalafari, pp. 243, 358.
Jórsalafarir, pp. 40, 41, 45, 48-9, 120, 125, 133, 236-7, 288, 411, 412, 413, 414, 415, 437, 438, 440, 445, 446, 447.
— Signification de ce mot, p. 46. —
Insignes et habits des J., pp. 55-6.
— Langue qu'ils parlaient, pp. 61-62.
— Leur séjour et leurs impressions en Terre Sainte, pp. 87, 90. —Causes de la mortalité parmi eux, p. 91. —

Honneurs et avantages trouvés par eux à leur retour, pp. 91-98.
Jórsalaferd, pp. 38-42, 45-55, 95-6, 97-8, 109, 112, 131 n., 173, 236, 307, 315, 437, 440.
Jórsalahaf (Méditerranée), p. 78.
Jórsalaland, pp. 442, 446.
Jórsalamenn, pp. 11, 45, 237.
Jórsalavegr, p. 62.
Josafatsdalr (Vallée de Josaphat), p. 88.
JOSAPHAT (Barlaam et), pp. 434, 447.
JOSAPHAT (Vallée de), pp. 443-4. — (Abbaye de Notre Dame de J., pp. 88, 162, 229.
JOSUÉ (Trompettes de), p. 69.
Jourdain, pp. 17, 38, 88-9, 97, 124, 206, 209, 210, 228, 240-1, 252, 257, 263, 294, 335 n., 443, 446. — Assimilé à la fontaine d'Urda, p. 18. — Position astronomique du J., p. 90 n.
Ipswich, p. 104.
Iria, pp. 74, 238.
Irland, p. 447.
Irlande, pp. 19, 22, 26, 104, 174, 273, 312.
Irlandais (Pèlerins), p. 93.
Irsland, pp. 446 n., 447.
ISABELLE de Joigny, p. 418.
ISABELLE, reine de Norvége, pp. 431, 440 n.
ISAAC (Chef d'), p. 68.
ISAAC LANGE, pp. 277, 309.
Isinak (Eisenach), p. 86 n.
Isinbriggia (Innsbrück), p. 86 n.
**ISKIRUNA de Näs (S.), p. 231.
Islaigne (Islande), p. 144.
Islandais, pp. 8, 47, 61, 80-81.
Islande, pp. 3, 5, 6 n., 9, 19, 22, 26, 33, 47, 48, 55, 68, 81, 98, 100-4, 107, 113, 144, 156 n., 242, 273, 313, 334, 361-5, 372, 392-4, 398, 400-2, 420-2.
— Son rôle dans les Jórsaiaferd, p. 41.
— Barbaresques et pirates basques en I., p. 79 n.
Italia, p. 130 n.
Italici, p. 130 n.
Italiens, pp. 191, 283, 324, 408.
Italie, pp. 22, 59, 61, 80-7, 124, 143, 160-1, 183-4, 194, 214, 230, 261, 278, 282, 323, 343, 366, 374, 422, 436.
— Invasions des Normands en I., p. 71.

Ithaque, p. 85.
Itinéraires à Rome, p. 81 n.
Itzehoe (D.), p. 82.
Ivarr Englason (N.), p. 350.
Ivarr Ingimundarson (N.), skalde d'Eysteinn Ier de Norvège, pp. 243, 298-9.
Jubeltare, p. 443.
Jubilés, p. 380.
Juel (Asker). — V. Asker.
Ivent Artuskappa, p. 434.
Ivent (Giovanezza), p. 84.

Jugulo (Masinus de) (S.), p. 395.
Iviza, pp. 79, 182, 323.
*Juliana (D.), p. 381.
Juncti (Broscio), p. 389 n.
Ivrée, p. 83.
Juta de Danemark, p. 358.
Jutland (D.), pp. 27, 81, 204, 227, 277, 287-9, 382. — Duc de J., p. 299.
Jyde (Nikolas) (D.), p. 391.
Jörundr, év. d'Hólar (I.), p. 362.
Jötunheimr (N.), p. 16.

K

Kaas, chancelier de Danemark, p. 151 n.
Kaithness, pp. 239, 241, 247 n., 248 n., 261.
Kaldealand (Chaldée), p. 442.
Kálfskinnsakrinn (N.), p. 263.
Kali (N.), père de Kolr, p. 244.
**Kali Kolsson (N.), (Rögnvaldr III), pp. 244-5.
Kalie (Cagliari), p. 79.
Kallundborg (D.), p. 360.
Kalveriis (Peter de) (D)., p. 382.
Kamintus (D.), évêque d'Aarhuus, p. 441 n.
Karakoush Boha Eddin, pp. 280, 282.
Kari Saxason de Vik (N.), p. 240 n.
*Karl Estrithsson de Lagunzborg (D.), p. 382.
*Karl Göstafsson de Skenninge (S.), pp. 371, 383.
Karl Næskonungsson (S.), p. 398.
Karlamagnús, p. 434. — K. Saga, p. 96.
Karlsár, baie de Cadix, pp. 75, 120.
Karouba, p. 284.
Kasr el Madjous, p. 75 n.
Kasr al Fetah (Alcacer do Sal), p. 325.
Kastalla Kirkja (S.), p. 209.
*Katrina de Stenninge (S.), p. 383.
Κελτοί, pp. 140, 222.
Kerbogah, pp. 138, 145.
Kézala, p. 323.
Khorasmiens, p. 344.
Κιβωτός, p. 140.
Kief, pp. 30, 66-7, 121, 159, 375.
Kilia (Kjövik), p. 67.
Kiliandr (Horus), p. 82.
Kilidje Arslan, pp. 143, 147, 149, 150 n.

Kintzelsarve, p. 404 n.
Kiova, p. 66.
Kirchmann, p. 287 n.
Kirckwall (Orcades), pp. 237 n., 261, 351, 420.
Kirjalax, p. 448.
Kirkærup (D.), p. 335.
Kisan, p. 280.
Kjalarnæs (Thorgils de) (I.), p. 103.
Kjoformunt (Monte Corbolo), p. 83.
Kjös (I.), p. 313.
Kjövik (Kilia), p. 67.
Klausson. V. Pehr.
Klerkaborg, p. 83.
Kluz (Klausen), p. 86 n.
Knardorp (D.), pp. 299, 350.
Knut (S^t.) (D.), pp. 126, 145, 184, 305, 380, 419.
*Knut Lavard (S^t.) (D.), pp. 156-7, 162, 218-20, 225, 231.
Knut (Hörda-), roi de Danemark, p. 27 n.
Knut le Grand, roi de Danemark, pp. 27, 59, 60, 80, 86, 122, 125 n., 140, 196 n., 418.
*Knut VI Valdemarsson, roi de Danemark, pp. 225, 268, 270, 296 n.
*Knut Eriksson, roi de Suède, pp. 273, 309.
Knut le Long, roi de Suède, p. 13.
Knut (D.), évêque d'Aarhuus, p. 441 n.
Knut le Bleu (S.), p. 371.
**Knut de Linköping (S.), p. 369 n.
*Knut Jarl (N.), pp. 343-5.
Knut Jónsson (S.), p. 397.
Knut Magnus Sveinsson (D.), p. 152.

xxvj   INDEX GÉNÉRAL.

KNYGHTON, p. 200.
KOCH, p. 2.
KODRAN (I.), pp. 100-101.
**KÓL (Saint) (S.), évêque de Linköping, pp. 300, 369, 370.
Kolansö (S.), p. 168 n.
KOLBJÖRN, (N.) écuyer d'Olaf Ier, pp. 107, 110.
KOLLSKEGGR (I.), væring, p. 103.
KOLR Kalason (N.), seigneur d'Agdir, p. 244.
Kongelf. V. Konunga-Helli.
Kónópeion, p. 67.
Konunga-Helli (S.), pp. 166, 209, 211, 231, 289-290, 430, 437-9.
Konúngs Skuggsjá, p. 7. — V. **Miroir Royal.**
KRISTIN. V. CHRISTINE.
KRISTIN, (N.) femme d'Erlingr Jarl, pp. 215, 262-3.

**KRISTIN (N.), fille de Magnús VI Erlingsson, pp. 311-2.
KRISTIN (N.), fille d'Hákon le Grand, pp. 213 n., 350-1.
Kristinréttr, p. 6.
Kristinuborg (Bolsena), p. 84.
Kristinsaga, p. 98.
Króss Kirkja (D.), à Konunga-Helli, p. 209.
KRUSE, p. 30.
Kvadingey (S.), pp. 168, 170.
Κυκλόβιον, p. 196 n.
Kunevik (S.), p. 168 n.
Kununga ok Höfðinga Styrilse, p. 7.
Kuthaï, p. 147 n.
KYRI-ÀLAX, p. 97. V. ALEXIS.
Kœnugard, p. 30.
Kölnisborg (Cologne), p. 81.
Köping, p. 405.

L

Labarum, p. 69.
Labrador, p. 364.
Λαχερναί, p. 196 n.
Laconie (San Martino de), p. 85.
Ladoga (Lac), p. 65.
Ladoga, pp. 117, 119, 159 n., 375.
LAGERBRING (S.), son opinion sur la présence des Scandinaves aux croisades, p. 2.
** LAGMAN Gudrödsson, roi de Man, pp. 129, 142.
Lagunzborg (Karl de) (D.), p. 382.
Laktjarna (Blachernes), p. 196.
LALLEMAND (Pierre), p. 395.
LAMBERT Petit, p. 138.
Lamena (Raymond de), pp. 392, 396-7, 399.
Lampedouse, p. 324.
Lance (Sainte), p. 68. — L. de Charlemagne, p. 75 n.
Lanchata (Sainte-Marie de), pp. 74, 238.
Landslög, p. 6.
LANGE (Isaac), p. 277.
LANGEBECK (D.), p. 151.
Langue parlée par les Jórsalafarir, pp. 61-62.

Languedoc, p. 304.
LANTULPHE, p. 137 n.
Laodicée, pp. 128, 135-7, 184 n., 298, 442.
Laponie, pp. 23, 344, 362, 402.
Lapons, p. 30.
LARS (Saint) (S.), p. 380.
**LARS de Lilje (S.), évêque de Linköping, p. 370.
LARS (S.), évêque de Vexsjö, p. 233.
LARS (I.), abbé de Hovedey, p. 346.
LARS JOHANSSON (S.), p. 17 n.
LARS Kalfsson (N.), p. 394.
LARS. — V. LAURENT.
Latran, pp. 314, 316, 390.
Laufnæs (N.), pp. 290-3.
LAURENT. — V. LARS.
LAURENTIUS Petri (S.), p. 12.
Lausanne (Gerold de), p. 36.
Lausnir, p. 331.
Leding (Leidangr), pp. 178, 417.
Ledhongslamæ, p. 382.
Légats du pape dans le Nord, pp. 269, 296, 314, 333, 376, 386, 408. — Légats collecteurs, pp. 387-8, 390-408.
Legbitó, épée de Magnús III de Norvège, p. 132.

Leidangr (Leding), inscription maritime en Norvége, pp. 25, 417.—V. **Leding**.
Leidarstjarna, étoile polaire, p. 90.
Leidarvisan, p. 446.
Leman (Lac), p. 82.
Lendirmenn, pp. 25, 168, 178 et passim.
Leniskilde (D.), p. 234.
Leo (Foulques), p. 306.
Leo (Flores ok), p. 434.
Léon V, roi d'Arménie, p. 394 n.
Léon (Royaume de), pp. 325, 328.
Leppr (Lodinn de) (N.), pp. 350, 376.
Lesjö (S.), p. 289.
Leskebone (Lisbonne), p. 74.
Leski (Lesjö) (S.), p. 289.
Lethbold, p. 229 n.
Lettres de passe des pèlerins, p. 51. V. **Passeports**.
Liban (Assassins du), p. 90.
Liège, pp. 277, 320, 360.
Liemar, archevêque de Hambourg, pp. 154, 158.
Lieux Saints, passim.
Lignières (Pierre de), p. 397.
Lik (Laodicée), p. 442.
Lilje (Lars de) (S.), p. 370.
Lilla Edet (S.), p. 168 n.
Limbourg (Henri, duc de), p. 337.
Lincoln, p. 179 n.
Linköping (S.), pp. 383, 395, 399, 407 n.
— Évêques de L., pp. 300, 358, 369-70, 440.
Lion (Golfe de), p. 79.
Lisard de Tours, p. 194.
Lisbonne, pp. 72, 74, 180-1, 220-4, 254, 278, 297, 321-2, 324, 326, 328. — Évêques de L., p. 325.—Scandinaves au siége de L., pp. 221-4.
Livonie, pp. 304, 349.
Livoniens, pp. 305, 354.
Ljodhuus (S.), pp. 28 n., 399.
Ljubetch, p. 66.
Ljunom (Sigge de) (S.), p. 383
Lodbrok, sorcière, p. 237.
Lodbrok (Ragnarr). — V. Ragnarr.
**Lodinn de Leppr (N.), pp. 350-1, 376.
Löfoden, p. 206.
Loheraigne, p. 144 n.

Lois de Danemark, p. 9 ; — de Frostathing, p. 49 ; — de Gotland, p. 9;— d'Islande, pp. 3, 6; — maritimes, p. 50, 436; — de Norvége, p. 6 ; — concernant les Jórsalafarir et les pèlerinages, pp. 49-52 ; — somptuaires, p. 421 ; — de Suède, p. 9.
Lombardie, pp. 144 n., 269.
Lombards, p. 269 n.
Londres, pp. 104, 179, 347.
Long Serpent (Le), navire d'Olaf 1er de Norvége, p. 53 n.
Lordomans (Normands), p. 74.
Lorraine (Godefroy de), p. 196 n.
Lothaire de Supplimbourg, pp. 203, 219.
Lotharingia, pp. 129 n., 130 n.
Louis le Débonnaire, p. 59.
Louis le Germanique, p. 385.
Louis le Jeune, roi de France, pp. 204, 222-5, 227.
Louis (Saint), roi de France, pp. 159, 204, 304, 341, 347-9, 352, 356-7, 376, 391, 394, 430.
Louis III, landgrave de Thuringe, pp. 279 n., 282, 285 n.
Louis IV, landgrave de Thuringe, p. 334.
Louis, archidiacre de Toul, p. 147.
Lowat, p. 65.
Lübeck, pp. 58, 86, 277, 283, 296, 332-3, 336, 381, 389, 400-1, 406.
Lübeckois, pp. 296, 426.
Luc (Saint), pp. 68, 294 n.
Lucain, p. 348 n.
Lucius III, pape, p. 267.
Lucques, pp. 59, 83, 389.
Luna, pp. 83, 85.[1]
Luna Sandar, p. 83.
Lund (S.), pp. 47, 161, 302, 333, 354, 382, 390, 400-2, 407 n.— Archevêques de L., pp. 33, 57, 156, 226, 229-230, 289, 317, 393-6.
Lundby (Lilla) (S.), p. 319.
** Lundvid (S.), p. 369 n.
Luneborg, p. 86 n.
Lusignan (Les), p. 283. — Guy de L., p. 280. — Hugues IV de L., p. 394 n.
Lusthorp (D.), p. 381.
Luther, p. 419.

Luxe (Lois contre le), p. 431.
Lybikka (Lübeck), p. 86 n.
Lycaonie, p. 147.

Lyon, pp. 346-7, 360-1, 366, 368, 390, 393.
Lövnæs (N.), p. 290 n.

M

Mac Heth (Angus), p. 241.
Machabées, p. 279.
Maddhadh, earl d'Athol, p. 248 n.
Madjous (Vikings), pp. 75 n., 77, 236, 238.
Maës Howe, pp. 237, 248, 301.
Mages (Or des), p. 69.
Magnani (Pierre de), p. 399.
* Magnús (Saint) (N.), pp. 239, 240, 241.
Magnús le Bon, roi de Norvége, pp. 114-5, 123, 177, 305.
Magnús III Berfætti, roi de Norvége, pp. 132, 166-171, 174-177, 179, 204, 208, 235, 239-241, 244-5, 246, 423, 425.
** Magnús (Sigurd Ier, roi de Norvége), pp. 150 n., 186 n.
Magnús IV l'Aveugle, roi de Norvége, pp. 215, 242-3, 289 n.
Magnús VI Erlingsson, roi de Norvége, pp. 33, 211, 262, 289, 290, 310-1, 330, 331, 421.
Magnús VII Lagabœttir, roi de Norvége, pp. 5, 6, 351, 357-8, 361, 363-4, 376, 396.
Magnús Ier Ladulås, roi de Suède, pp. 369-370, 381.
Magnús II Smek, roi de Suède, pp. 233, 379, 382 n., 398-400, 405-7, 419.
Magnús Nikolasson, roi de Gothie, pp. 218-9, 231, 317.
Magnús (Knut) Sveinsson (N.), prince danois, p. 152.
**Magnús Hávardson, pp. 247, 250.
* Magnús Johansson Engel d'Högnatorp (S.), pp. 369, 371.
Magnús (Johannes) (S.), p. 273.
Magnús (Olaüs) (S.), p. 56.
Magnús. — V. Olaus, Johannes.
Magnússon (Arni) (D.), p. 2.
Magra (La), p. 83 n.
Mahadia, p. 256.
Mahumeria, p. 283.
Maimbourg, p. 315 n.
Mainland, pp. 236-7.

Majorque, pp. 79, 182-3, 214, 404.
Makam-Maria (N.-D. de Josaphat), p. 88.
Makkari, pp. 235-8.
Malabayla (Maison) d'Asti, p. 389.
Malaga, p. 79.
Malaisie, p. 429.
Malchus, p. 298.
Malmfrid de Russie, reine de Norvége, pp. 159 n., 204, 211, 215, 263 n.
Malorossa, p. 66.
Malte (Comte de), p. 307 n.
Mameluks d'Égypte, p. 372.
Mamistra, p. 134.
Man (Ile de), pp. 26, 129, 142, 247 n., 272, 361.
Manche (La), p. 291.
Mander (Karl van), p. 151.
Mandeville, p. 442.
Manfred, p. 349.
Manfredonia, p. 84.
Mangialmachi (Tebaldo), p. 389.
Máni, skalde de Magnús VI (N.), p. 211.
Maniakès (Georges), p. 124.
Mannheim, p. 320.
Manrique, p. 221.
Manuel Comnène, pp. 196 n., 222-3, 260, 263.
Manuscrits rapportés d'Orient, pp. 432, 440 n.
Marcien, p. 294 n.
Margat, p. 442.
Margrèt Fredkolla, reine de Norvège, pp. 166, 204.
Margrèt, femme d'Hákon IV de Norvège, 346.
**Margrèt, fille de Magnús VI de Norvège, p. 311.
Margrèt, sœur de Páll Jarl, p. 248 n.
Margrèt af Flandern, p. 492.
Marguerite, reine de Hongrie, p. 296.
Marguerite, mère d'Aki Hvitastiksson (D.), p. 288.

INDEX GÉNÉRAL.

MARGUERITE d'ÉCOSSE, p. 358.
MARINO Sanudo, p. 394.
Mariuborg (Sarzana), p. 83.
Mariugilldis (Santa Maria della Suorte), p. 83.
Mariusudi (Le), p. 290.
Mariöhöfn (Cassopo), p. 85.
** MARKÚS Skeggjason, skalde d'Erik le Bon (D.), pp. 153 n., 156, 159-160 n.
Marmande, p. 214 n.
Maroc, p. 181 n. — Empereur du M., pp. 297, 325. — Détroit de M., p. 78.
MARQUARD, p. 128 n.
** MARR Hundrödarson (I.), p. 124.
Marroch (Détroit de), p. 352 n.
Marseille, pp. 79, 255, 261, 307, 329, 358, 370.
Marselja (Marseille), p. 255.
Marsilia, p. 322 n.
Marsk, p. 418.
Marteins Kamrar (Défilé de Saint-Martin), p. 83.
Marteinsvatn (Léman), p. 82.
MARTIN IV, pape, p. 366.
MARTIN (Don) de Palmella, p. 321.
MARTINO. V. CANALE.
Martinusborg (Poggio Marturi, Poggibonzi), p. 83.
Martinusborg (San Martino de Laconie), p. 85.
MASINUS de Jugulo, p. 395.
Masselja (Marseille), p. 79.
MATHILDE (Comtesse), pp. 59-83.
Mathildar Spitali (Hospice de Mathilde), p. 83.
MATTHIAS (S.), chanoine d'Upsal, p. 395.
MATTHIAS (D.), chanoine de Roeskild, p. 392.
MATTHIEU (Chef de Saint), p. 69.
MATTHIEU d'Edesse, pp. 127, 192 n.
MATTHIEU Paris, p. 347.
** MATTHÆUS (D.), pp. 289, 293.
Matray (Matran), p. 86 n.
MATULL (Thorkell) (N.), p. 397.
Matvik (N.), p. 240 n.
Maumetz, p. 256.
Maures, pp. 180, 206, 278, 281, 324-2, 325.
** MAURICE (Frère) (N.), pp. 72, 75, 78-9, 327, 357-8, 440 n., 442-3.
Mauritanie, p. 79.

Mauritiusborg (N.), p. 82.
MAXIME, p. 196.
Mayence, pp. 81-2, 275.
Mecklembourg, p. 317.
Méditerranée, pp. 39, 61, 70-1, 76-8, 79, 96, 129 n., 214, 222, 236, 255, 261, 278, 297, 323, 328, 374, 378, 436, 439.
Meginzuborg (Mayence), p. 81.
Meiningen, p. 86 n.
MELCHTILD, reine de Danemark, p. 360.
** MELCHTILD de Skenninge, p. 359-60.
MÉLISSENDE, reine de Jérusalem, p. 163.
Mellrichstadt, p. 86 n.
MÉNARD (Pierre), p. 395.
MENELAÜS (Manuel Comnène), p. 260.
Meningstadr (Munnerstadt), p. 86 n.
Mer. — V. *Blanche, Noire, Nord, Rouge.*
Merathorp (S.), p. 358.
Mersa el Madjous, p. 75 n.
Mesembria (Misivri), p. 67.
Mésopotamie, p. 442.
Messana, pp. 134 n., 297 n.
MESSENIUS (S.), ses fourberies historiques, p. 13, 358, 360.
Messine, pp. 79, 272, 278, 294, 296-7, 314, 323, 329.
Meulan (Galerant de), p. 251.
MEURVIN, son pèlerinage à Jérusalem, p. 95 n.
Mevania (Gilles de), p. 405 n.
MICHAUD, pp. 2, 149.
Midgardsormr, p. 16.
Midjardarhaf (Méditerranée), p. 78.
Mikaelsfiell (Monte Gargani), p. 84.
Mikligardr, p. 68.—V. *Constantinople.*
Milan (Archevêque de), p. 146.
Miliniska, p. 66. — V. *Smolensk.*
Milites Roskildenses, p. 276 n.
MILLS, pp. 2, 149.
Minden, p. 82.
Minho, p. 74.
Minorque, pp. 79, 182, 328.
Minsk, p. 104 n.
Mirepoix, p. 407.
Mirreaborg (Myrrha), p. 70.
Miroir royal, p. 7, 61, 329, 432, 440.
Misivri (Mesembria), p. 67.
Mjólestadr (Mellrichstadt) p. 86 n.
Mjoluhús (Mühlhausen), p. 86 n.

Moaharad (S.), p. 382.
Mode de voyage des Scandinaves, p. 55.
Mohilev, p. 104 n.
Moines noirs de Josaphat, p. 162.
Moïse, p. 113.
Molfeta, p. 84.
Molle, p. 86 n.
Monaco de Florence, p. 274.
Monastras, p. 141.
Mongols (Invasion des), p. 29.
Monnaies arabes, p. 439.
Monopoli, p. 85.
Mons Crucis en Chypre, p. 162 n.
Mons Jovis (Alpes), p. 82.
Mont Cassin, pp. 59, 84.
Mont Cenis (Hospice du), p. 59.
Mont Saint-Michel, pp. 74, 222.
Montakassin (Mont Cassin), p. 84.
Montbéliard (Gauthier de), p. 312 n.
Montboissier (Pierre de), p. 214.
Monte Chielle, p. 84.
Monte Corbolo, p. 83.
Monte Fajano, p. 84.
Monte Fiascone, p. 84.
Montenedo, p. 237.
Montfaucon (Thierry de), p. 282.
Montferrat (Conrad de), p. 280, 282.
— Adèle de M., p. 189 n.
Montfort (Comte de), p. 307.
Montjoux, *Montjeu*, p. 82.
Montpellier, p. 414. — Guillaume V, comte de M., pp. 182-3.
Montreflar (Pontremoli), p. 83.
Montreuil (Comte de), p. 19.

Montvalran (Bertrand de), p. 396.
Monupl (Monopoli), p. 85.
Moucherons (Ile des) (Kônôpeion), p. 67.
Moulins, p. 439.
Moray, p. 241.
Morkinskinna, pp. 4, 176, 208.
Mortalité parmi les Jórsalafarir, p. 91.
Morte (Mer), p. 443.
Moselle, p. 320.
Mossoul, p. 149.
Mstislav Harald, pp. 159, 204.
Mstislav II Mstislavitch, p. 336.
Muirkertach, p. 175.
Mülhausen, p. 86 n.
Mulla, p. 79.
Munbardar (Apennins), p. 83.
Munch (P. A.) (N.), pp. 5 n., 11, 14, 151, 248, 342 n, 397 n., 414 n.
Mundjafjell (Alpes), p. 82.
Mundiuborg (Minden), p. 82.
Munnerstadt, p. 86 n.
Münter, pp. 2, 385.
Musard, p. 283.
Myklahóll (I.), p. 334.
Mylna (Molle), p. 86 n.
Myrrha (Mirreaborg), pp. 70, 161 n.
Mæl (Gautr de) (N.), pp. 316, 330.
Mälar (Lac) (S.), p. 19.
Mödruvællir (I.), p. 364.
Mölk, en Autriche, p. 60.
Möri (Maison de) (N.), pp. 26, 235, 239, 319.
Mösle (Jakob) (D.), p. 308.
Möstri (N.), pp. 106-8.

N

Namsen, (N.), p. 890 n.
Namur (Blanche de), reine de Suède, pp. 405-6.
Naples (Normands de), p. 152 n.
Naplouse, p. 87.
Narbonensis archiepiscopus, p. 397 n.
Narbonne, p. 404. — Normands à N., p. 71.
Navarre, p. 328.
Nazareth, pp. 87, 337, 443.
Nébias, p. 397.

Nécrologes, pp. 2, 9, 47, 302.
Neigjald, p. 382.
Négrepont, p. 403.
Nemogarda, p. 66, V. *Novgorod*.
Nepl (Naplouse), p. 87.
**Nepos regis Danorum, pp. 270, 285.
Nervoen, p. 251.
Nesle (Jehan de), p. 306. — Yves de N., p. 261.
Nestor, p. 65, 103.
Neufmoustier, p. 221.

Neuilly-sur-Aisne, p. 306.
Neuss, p. 327 n.
Neustadt, p. 86 n.
Neustrie, pp. 20, 140 n.
Néva, pp. 64-5.
Nicea (Faustinus), p. 442.
Nicée, pp. 128, 143-4, 147, 149, 170.
Nicolas (Saint), pp. 85, 161, 380-1.
Nicolas III, pape, p. 365.
Nicolas IV, pape, pp. 371-3, 376, 382.
Nicolas V, pape, p. 408.
Nicolas Breakspeare (Adrien IV), pape, pp. 209, 249, 420.
Nicæa, p. 150 n.
Nidaros (N.), p. 421.
Nidaros (Primats de), p. 33.
Nidrosiensis archiepiscopus, p. 397 n.
Nidrstigningar Sögur, p. 433.
Niebelungen, p. 141.
Nienburg, p. 82.
Nifen (Comte de), p. 337.
Nikanor, pp. 97, 448.
Nikolas, roi de Danemark, pp. 156, 204, 218-9, 231, 305.
Nikolas I, comte de Halland (D.) p. 317 n.
Nikolas, comte de Halland (D.), pp. 317 n., 318 n.
** Nikolas Græveson (D.), pp. 317-8.
Nikolas, archevêque d'Upsal (S.), p. 393.
Nikolas, évêque d'Oslo (N.), p. 310.
Nikolas de Gizki (N), p. 343.
Nikolas Jyde, chancelier de Danemark, p. 391.
** Nikolas de Linköping (S.), p. 369 n.
** Nikolas Sæmundarson (I.), abbé de Thingeyrar, pp. 69, 80-82, 85, 87-8, 161 n., 227, 299 n., 441, 443-4.
Nikolas Thurason (S.), p. 405.
Nil (Le), pp. 259, 329.
Nils Sighvatsson (S.), chanoine d'Upsal, pp. 395-6.
* Nils Sigridsson de Ringshult (S.), pp. 371-2.
Nils Thorkilsson (D.), chanoine de Lund, p. 382.
** Nils Ubbason de Skvæmma (S.), p. 370.
Nils. V. Nikolas.
Nîmes, p. 407.

Ninove (Guillaume de), p. 146.
Nique, p. 148 n.
Njudingen (Le) (S.), p. 383.
Njörvasund (Détroit de Gibraltar), pp. 78, 79, 170, 181.
Noé, p. 69.
Noire (Mer), pp. 17, 63, 67, 97.
Noix, p. 201.
Nombre des pèlerins scandinaves qui revenaient d'Orient, p. 91.
Nord, passim. — Cap N., p. 340. — Mer du N., pp. 15, 19, 37, 100, 214, 223, 242, 276, 296.
Nordnæs (N.), pp. 206, 290.
Nordstjarna, étoile polaire, p. 90.
Noregs Konunga Tal, pp. 5, 98.
Norici, p. 186 n.
Normane, p. 274 n.
Normania, p. 130 n.
Normanici, p. 129.
Normanni, p. 151.
Normandie, pp. 19, 61, 73, 125, 130 n., 136, 140-1, 222, 224-5, 235, 251 n., 269. — Frédérik de N., p. 434. — Rollon de N., pp. 239, 319. — Ducs de N., pp. 26 n., 200 n., 246. — Scandinaves au service des ducs de N., p. 35. — Culte de saint Olaf en N., p. 122.
Normands, pp. 21, 22, 49, 71, 142, 222, 254 n. — N. de France, pp. 37, 75. — N. de Normandie, pp. 130 n., 224. — N. en Espagne, pp. 238-9. — N. en Syrie, p. 97. — N. d'Italie et de Sicile, pp. 84, 143, 152 n., 160, 183, 260. — N. en Grèce, pp. 97, 143. — N. en Orient, pp. 139-146. — Repaires des N. aux bouches des fleuves, p. 67. — Navires des N., p. 52.
Normanni, pp. 133, 141, 145 n., 152, 222, 238, 272.
Νόρμαννοι, pp. 139-146.
Noroèghe, p. 214 n.
Noroie, p. 362 n.
Norraine (Langue), p. 3.
Norrland, pp. 33, 209, 290, 421.
Northmandia, p. 140 n.
Northmanni, p. 140 n.
Northumbrie, p. 250.
Nortmanni, p. 38.
Norvège, passim.

Norvegi, p. 222.
Norvégiens, passim.
NOUREDDIN, sultan de Damas, p. 259.
Novgorod, pp. 30, 64-7, 436, 440.
Nummedal (N.), pp. 78 n., 290 n.
NUÑEZ (Rabinal), p. 238.
NUÑO, v. ALFUNSO.
Nuremberg, p. 275.
Nussenses, p. 327 n.
Nuys, p. 327 n.
NYBORG (Jens) (D.), évêque de Roeskild, p. 460.
Nydala (S.), p. 368.

Nyiastadr (Hvitstadt), p. 86 n.
Nyioborg (Nienburg), p. 82.
Näs (S.), pp. 163 n.
Näs (Upland) (S.), p. 231.
Nässjohult (S.), pp. 369, 370.
Nörefjord (Sogne) (N.), p. 78 n.
Nöresund (Nummedal) (N.), p. 78 n.
Nörfi (Ile de) (N.), p. 170 n.
Nörfisund (N.), p. 170 n.
Nœuds de branchage faits, par les Scandinaves, sur la rive gauche du Jourdain, pp. 88, 89, 206, 257.

O

Obotrites, p. 133.
Occident, passim.
Océan circulaire, pp. 16, 17.
Ocowscik (Forêt), p. 65.
Odáins Akr, p. 16.
Odalmenn, pp. 24, 25, 27, 425.
** ODDR Glumsson (N.), skalde de Rögnvaldr III, pp. 247, 253.
** ODDR de Linköping (S.), p. 369 n.
ODDR Olafsson (I.), p. 313.
ODDR Snorrason (I.), auteur d'une des Sagas d'Olaf Tryggvason, pp. 98,109, 118.
** ODDR (Örvar-), ses voyages en Asie, pp. 18, 97, 448.
Odels, p. 424.
Odensee, pp. 220, 380, 407 n.
Odiama, p. 323.
ODIN (Culte d'), pp. 14, 17, 23, 33-4, 104. — Galdrar d'O., p. 155 n.
ODON de Beauvais, p. 145 n.
Ofoten (N.), p. 344.
OGIER LE DANOIS, ses exploits en Orient, pp. 95-6.
O' GILVIE (Maison d'), p. 261 n.
** OLAF I Tryggvason, roi de Norvège, pp. 31, 54, 88-9, 97-102, 104-119, 121-3.
* OLAF II le Saint, roi de Norvège, pp. 22 n., 31, 43, 73-4, 76, 83, 97, 112-4, 119-123, 167, 189-90, 206, 209-10, 212, 245, 346, 375, 379. — Fief de St. O., pp. 33, 421. — Culte de St. O. à Visby, p. 64, — à Novgorod, p. 65, — à Constantinople, p. 68, — en Normandie, p. 122.
OLAF III Kyrri, roi de Norvège, pp. 132, 179 n.
OLAF IV, roi de Norvège, pp. 175, 176 n., 241.
OLAF V, roi de Norvège, p. 244.
OLAF Skotkonungr, roi de Suède, pp. 105-6, 145 n.
OLAF le Famélique, roi de Danemark, p. 132.
OLAF (S.), archevêque d'Upsal, p. 395.
OLAF (N.), év. de Gardar, pp. 364-5.
*OLAF(S.), chanoine de Linköping, p. 383.
OLAF Jónsson (N.), skalde, p. 335.
OLAF de Skenninge (S.), p. 359.
** OLAF Strangason (D.), pp. 350, 447.
OLAI. V. PETRUS, OLAUS, ÉRIK.
OLAUS MAGNUS (S.), p. 12.
OLAUS PETRI (S.), p. 12.
Oldenbourg (Chrétien II, comte de), p. 275. — Wilbrand d'O., V. WILBRAND.
Oléron (Rôles d'), p. 436.
OLIVIER le Scholastique, pp. 178 n., 192 n., 320, 324 n., 329, 334.
Oliviers (Mont. des), pp. 162, 443.
OLOF Grén (S.), p. 369.
Oros, p. 135 n.
Orcades, pp. 6, 19, 26, 168, 170, 175, 235-7, 239-41, 244-5, 247-50, 272-3, 351, 362, 375, 377, 398, 401-2, 407 n., 414, 420, 429.
Orcadais, p. 286.

Ordalie, p. 423.
Orderik Vital, pp. 129-30, 135, 137 n., 140 n., 174, 186 n., 193, 214.
Ordre Teutonique, pp. 57, 333, 426.
Ordres militaires, pp. 267, 331, 388.
Orient, passim.
Orlamünde (Albert d'), p. 270 n.
Orléans, p. 414.
Ormr Eysteinsson (S.), p. 405.
Ormr Kodransson (I.), p. 101.
Ormr (Kyrpinga-) (N.), p. 244 n.
Ormr de Stavanger (N.), p. 398.
Ormr Thórljotsson de Dyrnæs (N.), p. 118.
Ormgard, p. 83.
Oronte, p. 138.
Orseignor (L'), p. 147 n.
Orthous, p. 397.
Ortolis (Bernard de), p. 397-9.

Osbern de Baldr., p. 224.
Oschim, roi d'Arménie, p. 394.
Oslo (*Christiania*) (N.), pp. 184, 204, 215, 227, 291, 343, 397-9, 401, 407 n.
— Évêques d'O., p. 361, 367, 393. — Saint Halvard à O., pp. 215 n., 379. — Saint-André à O., p. 383.
Osnabruck (Évêque d'), p. 275.
Osterrode, p. 86 n.
Ostrica (Détroit de Gibraltar), p. 323.
Ostrogothie, p. 370.
Othon III, empereur d'Allemagne, p. 102.
Othon, duc de Gueldres, pp. 279 n., 282.
Otrante, p. 336.
Ottar Birtingr (N.), p. 211.
Oural, p. 19.
Oxenfort, p. 86 n.
Oyssel, p. 67.

P

Paderborn, p. 82.
Padreimsleikar (Jeux de l'Hippodrome), pp. 160, 199-200.
Påfvatiundar, p. 386.
Paléologue (Démétrius), p. 408.
Palerme, p. 139.
Palestine, pp. 39, 79 et passim.
Páll Ier, comte des Orcades, pp. 239, 245, 247.
Páll jarl, p. 248 n.
Páll Bárdarson, archevêque de Throndhjem (N.), pp. 397, 403.
*Páll, évêque d'Hamar (N.), p. 347.
Páll Skóptason (N.), p. 170.
Palmaraiarir, p. 89.
Palmaraferd, p. 46.
Palmaravegr, p. 62.
Palmaria, p. 58.
Palmarir, p. 62.
Palmarius, p. 46.
Palmella (D. Martin de), pp. 321, 325-7.
Palmes de Jéricho, p. 89.
Palmier, Paumier, p. 46 n.
Palteskja, p. 65.
Panéas, p. 337.
Pannonie, pp. 90, 203.

Pantaleo, patriarche de Jérusalem, p. 351. — V. Urbain IV.
Pantaléon (Saint), p. 69.
Papeyar (Pavie), p. 83.
Parakladion, p. 67.
Paray (Guillaume de), p. 404.
Parceval, p. 434.
Parme, p. 395.
Paris, pp. 247, 361, 370, 423. — Siège de P. par les Normands, p. 65. — Église des Cordeliers à P., confrérie qui y est fondée, p. 92 n. — Université de P., p. 414.
Paris (Matthieu), p. 347.
Partakirch, p. 86 n.
Pas-de-Calais, pp. 179, 352 n.
Pascal II, pape, pp. 155, 203.
Passagia, Passages, pp. 61 et n. 84.
Passau, p. 203 n.
Passeports des pèlerins, pp. 51, 90, 379.
Paternoster (Église de), pp. 88, 227-9.
Patientia (Sapienza), p. 85.
Paul, évêque grec, p. 100.
Paumerée (La) d'Abraham à Jéricho, p. 46.

Paumiers du Saint-Sépulcre, p. 92 n.
Pavie, p. 83.
Pavoisage des navires, p. 53 n.
PEDERSSON. V. CHRISTJERN, ABSALON.
PEDRO de Avitiz, p. 326.
Pegasius, p. 135 n.
PÉLAGE, légat, p. 329.
PÉLAGE Gudisteiz, p. 253.
Pèlerinages, passim. — P. expiatoires, pp. 51, 80. — des Scandinaves païens, p. 18.
Pèlerins, passim. — Château des P., p. 329.
PELET (Raymond). V. RAYMOND.
Perche (Comte du), pp. 138, 307.
Peregrini, p. 45.
PERINGSKJÖLD (S.), pp. 4 n., 13, 193.
Perkrin (Siége de), p. 124.
Persans, p. 214.
Perse (Sultan de), pp. 149, 372.
Perses, p. 214 n.
PERSONA (Gobelin), p. 150 n.
PERUCCI (Maison) de Florence, p. 389.
PETER (S.), archevêque d'Upsal, p. 273.
PETER (D.), évêque d'Aarhuus, p 391.
*PETER III (D.), évêque de Roeskild, pp. 308, 333, 335.
PETER (D.), prieur de Dacie, p. 387.
* PETER Erngislason de Forsith (S.), p. 382.
** PETER Hákonsson de Lund (D.), p. 302 n.
** PETER Hvita-Palnason (D.), p. 288.
PETER Klausson (D.), pp. 13, 312 n.
PETER Lauritzson (D.), p. 381.
*PETER Olufsson de Kalveriis (D.), p. 382.
* PETER Ragnvaldsson d'Ostenrör (S.), pp. 371, 383.
** PETER Strangason (D.), p. 360.
Peterspenge, p. 386.
PETIT (Lambert). V. LAMBERT.
PÈTR, évêque d'Hamar (N.), p. 350.
PÈTR Andresson (N.), p. 343.
PÈTR Hroarsson (N.), p. 310.
PÈTR le Mauvais (N.), Væring, p. 309.
** PÈTR Steypir (N.), pp. 310-2, 318, 342 n.
PETREJUS (Nicolaus), p. 158 n.
PETRIE (Georges), p. 237 n.
Pétrskastali (Saint-Pierre du mont Joux), p. 82.

Pétrspitali (Hospice de Saint Pierre), p. 83.
PETRUS Olai (S.), p. 12.
PEUTINGER (Tables de), p. 85.
Phéniciens, pp. 76-7.
PHILIPPE (Saint), ses reliques à Constannople, p. 68.
PHILIPPE Ier, roi de France, pp. 145 n., 157, 184 n.
PHILIPPE II Auguste, roi de France, pp. 89 n., 285.
PHILIPPE le Hardi, roi de France, p. 361.
PHILIPPE de Valois, roi de France, p. 403.
PHILIPPE d'Alsace, comte de Flandres, p. 264 n.
* PHILIPPE Karlsson (S.), p. 382.
PHILIPPE de Vegin (N.), p. 311.
Philippes (Prince de), pp. 147, 149.
PHILMER Göthriksson, roi fabuleux de Suède, p. 97.
PHILOKALÈS (Eumathios), p. 135.
Philomelium, pp. 145, 147 n., 149, 150.
Φλάντραι, p. 184 n.
PHOCAS, p. 196 n.
Photius, p. 441.
PIERRE (Saint), pp. 69, 342, 344, 348, 420, 442.
PIERRE le Grand, comparé à Olaf Ier de Norvège), p. 99.
PIERRE, légat, p. 394.
PIERRE de Gand, légat, p. 376.
PIERRE Gervais, légat, pp. 400-3.
PIERRE, évêque de Winchester, p. 336.
PIERRE de Montboisser, abbé de Cluny, p. 214.
PIERRE Comestor, pp. 433, 455.
PIERRE l'Hermite, pp. 128-9, 142-3.
PIERRE de Lignières, pp. 397, 399.
PIERRE de Magnani, p. 399.
Pignalici, p. 130 n.
Pilagrimsbraud, pp 57, 58.
Pilagrimsferd, p. 46.
PILATI (Ciano et Bindo Thomasii), p. 389 n.
Pincenarii, p. 146 n.
PIPPIN de Bologne, pp. 140 n., 272 n.
Piratica sancta, pp. 32, 276-7, 427.
Pirée (Inscription runique du), p. 124 n.
Pisans, pp. 137, 183, 280.
Pise, pp. 83, 285, 329.

Plaisance, pp. 59, 83, 86. — Jean de P., p. 390.
Planesa (Guillaume de), p. 404.
Plazinza (Plaisance), p. 83.
Poggibonsi, p. 83.
Poggio Marturi (Poggibonsi), p. 83.
Poitiers (Guillaume IX, comte de), p. 146.
Poitou, p. 74.
Pologne, pp. 225, 305, 389.
Polotzk, pp. 65, 104, 375.
Poméranie, pp. 19, 28, 64, 106, 317-8.
Ponthieu (Guillaume, comte de), p. 148 n.
PONTOPPIDAN (Erik) (N.), pp. 13, 143 n., 282
Pontremoli, p. 83.
Ponts construits pour les pèlerins, p. 58.
Porphyrogénètes, p. 167 n.
Porta (Évêque de), p. 333.
Portage des vaisseaux, pp. 65, 144.
Porte d'Or, p. 196.
Porte-Glaives (Chevaliers), p. 426.
Porto, p. 321.
Porto Viscardo, p. 85.
Portugais, pp. 78, 255.
Portugal (Embouchure du Douro), p. 74.
Portugal, pp. 72, 74, 120, 181, 221-2, 225, 242, 286, 297, 322, 324, 336, 338, 413, 418, 436. — Bérengère de P., pp. 297, 313. — Violante de P., p. 350. — Rois de P., pp. 297, 325.
Portus Iccius, p. 73.
POTTAST, p. 153.
Poudre à canon, p. 439.
Pouille, pp. 19, 35, 84, 140, 144 n., 183-4, 206, 261, 285, 294, 331.
Pouilly, p. 392.
Πρασινοί, p. 199 n.
Prawl (Pointe de) (Prólnæs), p. 73.
PRÉ (Jean du), p. 398.
Préparatifs des Jórsalaferd, p. 52.
Privilèges des pèlerins, pp. 51-52.
Primsignad, pp. 32, 100.
Prinseingnés, p. 32 n.
Prólnæs (Cap Prawl), p. 73.
Propontide, pp. 69, 140.
Προσκυνητής, p. 46.
Provence, p. 85.
Prusse, pp. 19, 28, 349. — P. rhénane, p. 327 n.
Ptolemaïs, pp. 43, 87 n., 185-186, 280. V. Acre.
PTOLÉMÉE d'Égypte, p. 448.
Puits de Jacob, p. 87.
PULCHÉRIE, p. 294 n.
Puli, Puland (Pouille, Italie du Sud), p. 84.
Pulici (Maison), de Florence, p. 389.
Pulkrokirkja (Saint-Sépulcre), p. 443.
Puy (Le), p. 400.
Pöddubrunnir (Paderborn), p. 82.

Q

Quarantaine (Mont de la), p. 443.
Querentiumfjell (Mont de la Quarantaine), p. 443.
QUIRINO (Pierre), p. 123.
Qvindherred (N.), p. 330.

R

R. (Pour les noms commençant par cette initiale voir à l'Hr.)
RABINAT Nuñez. — V. NUÑEZ.
Ráby (Hákon de) (S.), p. 383.
Radicofani, p. 84.
RAFFOLI (Baldo), p. 389 n.
** RAGNARR Lodbrok, pp. 21, 24, 96, 243.
— Fils de R. L., pp. 18, 82-3, 96.
** RAGNILD (Sainte), reine de Suède, pp. 231-2, 358.
RAGNILD de Gizki (N.), p. 341.
RAGNILD (N.), mère de Thorsteinn Rigardsson, p. 120.
Rames, p. 167.

Ramlah, p. 191.
Ramus (D.), p. 13.
Rán, p. 252.
Rana (N.), p. 290 n.
Ranald (D.), évêque élu de Roeskild, p. 308.
Rance (Golfe de la), p. 74.
** Rantzow (Les), en Terre-Sainte, p. 151 n. — Henri de R., ibid.
Raoul le Vaillant, comte de Vermandois, p. 251.
Raoul, p. 135 n.
Raoul de Caen, pp. 140 n., 145 n, 147 n.
Raoul Teisson, p. 294.
Raoul II de Tocni, p. 145 n.
Ratisbonne, pp. 86, 275, 296.
Raudahaf (Mer Rouge), pp. 89, 442.
Raudakastala (Castrorosso), p. 70.
Raumariki (N.), pp. 169, 317.
Raymond d'Aguilers, pp. 134 n., 148.
Raymond d'Antioche, p. 249 n.
Raymond de Galance, p. 406.
Raymond de Lamena, p. 392.
Raymond Pelet, p. 137.
Raymond de Saint-Gilles, pp. 135-8.
Raymond de Turenne, p. 137.
Raynaldi (Gerio), d'Arezzo p. 391.
Raz (Pointe du) (*Thrasnæs*), pp 73, 252.
Recueils divers en langue norraine, p. 6.
Redslob, p. 77 n.
Réforme (La), p. 163.
Reginaldus, p. 143.
Regulus, p. 279.
Reichenau (Abbaye de), pp. 47, 82, 91.
Reiffenberg, p. 184 n.
Rein (Maison de) (N.), pp. 311, 315, 319, 334.
Reineck (D.), p. 151.
Relations (Premières) des Scandinaves avec la Terre-Sainte, pp. 93-95.
Reliques rapportées d'Orient par Sigurd I de Norvège, pp. 202, 204, 209.
— R. de Constantinople, pp. 68, 69
Rembertini (Maison) de Florence, p. 389.
Renaud de Dampierre, pp. 306-7.
Renaud II, comte de Bourgogne, p. 148 n.
Reppre (Jean et André de), p. 404.
Retour des pèlerins scandinaves, pp. 90-92.

Reuterdahl (S.), p. 14.
Revel, p. 407 n.
Rheims, pp. 362, 391.
Rhénans, p. 327.
Rhin, pp. 81-2, 111, 133, 221, 276, 296, 320.
Rhodes, p. 126.
Rhône, pp. 85, 97.
Ribauds, p. 310.
Ribe (D.), pp. 72, 317, 338, 392, 407.
Ricciardi (Maison) de Lucques, p. 389.
Richard Cœur-de-Lion, pp. 255 n., 272-3, 286, 293-4.
Richard de Cornouailles, p. 352.
Richard, évêque de Man, p. 361.
Richard Filangieri, p. 337.
Ricobaldo de Ferrare, pp. 220 n., 273 n.
Riga, p. 381.
Ringsfjord, p. 74.
Ringshult (Nils de) (S.), p. 372.
Ringstedt (D.), pp. 126, 218.
Robert le Diable, pp. 200 n., 201.
Robert, duc de Normandie, pp. 128, 136-7, 141, 145, 179, 183 n.
Robert de Bourgogne, p. 183.
Robert Guiscard, p. 140.
Robert, comte de Flandre, p. 184 n.
Robert Godvinsson, p. 135.
Robert de Clari, pp. 96 n., 200 n., 294 n.
Robert le Moine, pp. 130 n., 198 n.
Robert de Thorigny, p. 222.
Robert Wace, p. 200.
Robertus, rex Siciliæ (S.), p. 144 n.
Rodene (Bengt de), p. 382.
Rodète, pp. 75, 323.
Rodrigo Sanchez, p. 297.
Roeskild (D.), pp. 33, 126, 161, 163, 218 n., 276-7, 382, 392, 400, 407 n., 427. — Évêques de R., pp. 149, 308, 333, 335.
Roger II Bursa, duc de Pouille, pp. 140, 183-5.
Roger I, comte de Sicile, pp. 183, 202, 223 n.
Roger II, comte de Sicile, p. 183.
Roger de Hoveden, p. 297.
Roger de Wendower, pp. 255 n., 336, 347.
Roi (Titre de), pp. 184-5.
Rollands Rímur, p. 434.

ROLLON, duc de Normandie, pp. 125, 239, 251 n., 319.
Roma, p. 86 n.
Rómaborg (Rome), p. 86 n.
ROMAIN III Argyre, p. 97.
Romains, pp. 77, 85.
Romaigne, p. 144 n.
'Ρωμαῖοι, pp. 141 n., 242 n.
Romani, p. 130 n.
Romania, p. 143 n.
Romanie, pp. 147, 375.
ROMAN de la Higuera, v. HIGUERA.
Romans et fables sur la Terre Sainte, p. 433, 447-8. — R. de chevalerie, pp. 434-5, 447-8.
Rómavegr, pp. 80, 87, 261, 293-4, 331, 343.
Rome, passim. — Voyages des Scandinaves à R., pp. 22, 86, 94. — Hospices à R., p. 59.
Romsdal (N.), pp. 167 n., 357.
Rómverja Sögur, p. 433.
RONALD. V. RÖGNVALDR.
RONALDUS ou Reginaldus, p. 143.
Rós (Scandinaves), pp. 65-6.
Rosampoli (Stello), p. 389.
Roskildenses Milites, p. 276 n.
Rósia extérieure, p. 66.
Rossloxö (S.), p. 383.
ROSTAND, sous-diacre, p. 349.
Rotinuborg, p. 86 n.
ROTROU du Perche, p. 138.
Rott (N.), p. 311 n.

Rouen, pp. 139, 141 n.
Rouge (Mer), pp. 89, 97, 113, 357, 442.
Roxen (Lac) (S.), p. 232.
RUDBECK (Ol.) (S.), p. 14.
Rügen, pp. 106, 156, 288, 434.
Rumaskattr, p. 386.
Runes, pp. 3, 11, 13, 91, 94 n., 100, 193, 231, 244 n., 248, 274, 301. — R. relatives à la Terre-Sainte, pp. 41, 47, 236-7. — R. du Pirée, p. 124 n. — Runes relatives aux ponts, p. 58.
Runstènes, p. 11.
RUNULFR Dalksson (Sira) (I.), p. 446.
RURIK, p. 100.
Russes, pp. 396, 405, 419.
Russie, pp. 19, 46, 55, 61-5, 87, 98, 100, 104, 117, 158-9, 204, 263 n., 419. — Principautés scandinaves de R., pp. 29, 41, 67, 70, 97, 103, 121, 124, 251, 331, 375. — Rôle de la R. dans les Jórsalaferd, p. 41. — Première prédication du christianisme en R., p. 100.
Rutheni, p. 145 n.
Rymbegla, pp. 7, 432.
RYTHE (Johan) (D.), chanoine de Roeskild, p. 392.
Rögaland (N.), p. 103.
**RÖGNVALDR III le Saint, jarl des Orcades, pp. 239, 244-61, 312, 375, 377, 385.
RÖGNVALDR Brusason, jarl des Orcades, p. 245.

S

SABINE (Guillaume de), p. 343.
Sabran (Guillaume de). — V. GUILLAUME.
Sadelie, p. 221.
Sado (Le), pp. 321 n., 324.
Sagas, pp. 3-4, 7, 64.
Sages (Légende des VII), p. 447.
Sagres (Cap de), p. 322.
Saiete, p. 214 n. — V. Sidon.
Saint-Alban (Moines de), pp. 150, 347.
Saint-Bernard (Hospice du mont), pp. 82, 83.
Saint Clément, p. 392.
Saint Félicien (San Felice), p. 323.

Saint-Fredien (Église de), à Lucques, p. 59.
Saint-Georges (Bras de), p. 143.
Saint-Gilles, pp. 85, 135 n. — Raymond de St.-G., v. RAYMOND.
Saint-Grégoire (Ile de), p. 66.
Saint-Jacques de Compostelle, pp. 74, 75. — V. Compostelle.
Saint-Jean d'Acre, p. 79, 138, 164.
Saint-Jean (Église de), à Bari, p. 161 n. — Hospice de St-J. à Jérusalem, p. 60.
Saint-Joseph (Chapelle de), à Notre-Dame de Josaphat, p. 163.

Saint-Laurent de Lund (D.), p. 302 n.
Saint-Magnús de Kirckwall (N.), p. 261 n.
Saint-Martin (Défilé de), p. 83.
Saint-Martin (Lac de)(Léman), p. 82.
Saint-Matthieu (Hâvre et abbaye de), pp. 73, 320.
Saint-Maurice, p. 82.
Saint-Maximin de Trèves, p. 226.
Saint-Michel en Télémark (N.), p. 206.
Saint-Olaf (Église de), à Throndhjem (N.), p. 249 n.; — à Visby (S.), p. 158.
Saint-Omer, p. 352 n.
Saint-Pierre (Église de), à C. P., p. 202.
Saint-Pierre du Mont Joux, p. 82.
Saint-Pierre (Hospice de), au mont Saint-Bernard, p. 83.
Saint-Pol (Hugues de).—V. HUGUES.
Saint-Siméon (Port), pp. 138-9
Saint-Vincent (Cap), p. 322.
Saint-Vozy (Église de) an Puy, p. 400.
Saint-Æther (Ile de), p. 66.
Sainte-Chapelle de Bergen, pp. 361, 423.
Sainte-Hélène (Chapelle de), p. 74 n.
Sainte-Marie des Allemands (Hospice de), à Jérusalem, p. 60.
Sainte-Marie de Lanchata, pp. 74, 238.
Sainte-Marie de Pharam, pp. 75, 322.
Sainte-Sophie de Constantinople, p. 68.
SALADIN, pp. 266-7, 28?, 284, 293-4.
Saleby (Runes de) (S.), p. 274 n.
Salisbury (Hubert de), p. 294.
Saltés (Ile de), pp. 75, 238.
SALUSI, pp. 97, 448.
SALVI Ivarsson (N.), chanoine de Bergen, p. 399.
SALVI (Azolino), p. 389 n.
Samarie, p. 87.
SAMARITAINE (Pierre du puits de la), p. 69.
Samminiato, p. 83.
Samogitie, p. 349.
Samoyèdes, pp. 17 n., 330.
SAMSON (Hospice de), à Constantinople, p. 60.
SAMSON, p. 434.
San Angelo (Cap), p. 85.
San Croce, p. 83.

San Felice de Guihol, p. 323.
San Germano, p. 84.
San Martino de Laconie, p. 85.
San Quirico, p. 83.
San Stefano, p. 83.
SANCHE Ier, roi de Portugal pp. 278, 297.
SANCHEZ (Rodrigo), p. 297.
Sanclinusborg (Samminiato), p. 83.
Sandi (Oddr de) (I.), p. 313.
Sandvick (Orcades), p. 236.
Sandwich, p. 277.
Sang (Saint), p. 68.
Santa Eulalia, p. 323.
Santa Maria del Cassopo, p. 85.
Santa Maria della Suorte, p. 83.
Santarem, p. 180.
Santiago de Compostelle, p. 83.
Santo Pietro (Ile de), p. 79.
SANUDO (Marino), pp. 178 n., 394.
Sapienza, p. 85.
SAPHADIN, p. 298.
Saraceni, p. 143 n.
Sardaigne, pp. 72, 78, 255, 358.
Sardinarey, p. 255.
Sardiney (Sardaigne), p. 78.
Sarraceni, p. 152 n.
Sarrasins, pp. 20, 36, 75, 78, 124, 132, 170, 181-2, 213-4, 220, 242, 278, 280, 301, 305, 317, 319, 326-8, 333, 349-50, 355, 371, 376, 381, 442, 445.
Sarzana, p. 83.
Såstad (S.), p. 301.
SAUNA (Bar). V. BAR SAUNA.
Saussens, p. 407.
Savelle (Jacques de), p. 391.
Saxe, pp. 90, 203, 295-6.
Saxelfr, p. 82.
SAXI de Vik (N.), p. 240.
Saxland (Allemagne), p. 82.
SAXO Grammaticus (D.), pp. 9, 12, 17-8, 119, 126, 149, 153, 155, 157, 159-161, 218 n., 276, 427.
Saxonia, p. 130 n.
Saxons, pp. 305, 327.
Scandinaves, passim.
Scanie (S.), pp. 37, 100, 289.
Schalih, p. 280.
SCHATTEN, p. 221.
Schauenbourg (Comtes de), pp. 275, 296, 334.
Schotten, p. 274 n.

Schwangau, p. 86 n.
Schwerin (Comte de), pp. 317, 332-3.
Schöning, p. 4 n.
Scorbut, p. 440.
Scoti, p. 274.
Scotia, p. 130 n.
Scotti, p. 129 n.
Scythie, p. 305.
Sélande, pp. 161 n., 234, 276, 301, 307, 343.
Seley (N.), p. 357.
Seleyar (N.), p. 291.
Selipha (Plaine de), p. 87 n.
Seligsborg (Selz), p. 81.
Seljupolli (Embouchure du Douro), p. 74.
Selz, p. 82.
Sembes, p. 269.
Seninghem, pp. 352-3.
Senunt (Sienne), p. 83.
Separansborg (Ceprano), p. 84.
Sepont (Manfredonia), p. 84.
Sépulcre (Saint), pp. 68, 64, 125, 167, 187, 190, 206, 218, 232, 241, 267, 294, 340, 443. — Confrérie des Paumiers du St.-S., p. 92 n. — Chevaliers du St.-S., p. 426.
Sergius IV, pape, p. 128 n.
Serkir (Sarrasins), p. 182.
Serkland, pp. 75, 87 n., 181 n., 205-6, 351, 442. — S. hit mikla (Afrique), p. 78.
Serkr d'Aurland (N.), p. 216.
Serment prêté par les Latins à Alexis, p. 197-8.
Seron (Jean de), pp. 397-9.
Serpent (Le long), navire d'Olaf Ier, pp. 106-8, 109, 115-6. — Le petit S., id., pp. 106-8.
Servage en Danemark, p. 27.
Seuil des Apôtres (Pèlerinage du), p. 91.
Séville, p. 325.
Shetland, pp. 6, 19, 26, 247-8, 342.
Sicardi de Crémone, pp. 178 n., 214.
Sicile, pp. 83, 140, 143, 170, 183, 202, 261, 281-2, 296, 301, 304, 328. — Diodore de S., p. 182 n. — Guillaume de S., p. 280. — Roger de S., p. 223 n. — Normands unis aux pirates arabes de S., p. 71.

Siciles (Deux-), p. 19.
Sicilia, pp. 143 n., 297 n.
Siciliens, p. 256 n.
Sidon, pp. 164, 166-7, 185, 190-4, 207, 214, 298, 337, 442.
Sidonia, p. 326.
Siècles (Grands), p. 270.
Siena, p. 86 n.
Sienne, pp. 59, 83, 86, 389.
Sigebert de Gemblours, p. 130 n.
*Sigge Guthormsson de Ljunom (S.), p. 383.
Sighvatr Jarl (D.), pp. 105-6, 112.
Sighvatr (N), porte-croix de Throndhjem, p. 361.
**Sighvatr Bödvarsson de Stadr (I.), p. 357.
**Sigmundr Aungull (N.), pp. 247, 254, 257.
Sigrid la fière (S.), pp. 105-6.
*Sigrid d'Ulfåsa (S.), p. 370.
Sigrid de Vik (N.), pp. 175 n., 240-1.
*Sigtragg (S.), chanoine de Linköping, p. 383.
Sigtuna (S.), p. 370.
**Sigurd Ier, roi de Norvège, pp. 47-49, 53, 74, 79, 140 n., 150 n., 160 n., 164, 170-1, 173-215, 217, 221, 225, 231, 237 n., 239-242, 244-6, 250, 254, 260-2, 287, 289, 305, 311-12, 315, 339, 375, 378-9, 385, 421, 427, 430, 437-9, 444.
Sigurd II Mund, roi de Norvège, pp. 262-3, 271, 316.
**Sigurd Mauclerc, prétendant norvégien, pp. 175 n., 239-244, 377.
Sigurd, évêque, compagnon d'Olaf Ier de Norvège, p. 117.
Sigurd Fafnisbani, p. 82.
**Sigurd Konungsfrændi (N.), pp. 316-8.
Sigurd Markúsfóstri (N.), p. 262.
Sigurgard Fræknir, p. 448.
Sil, p. 74.
Silleiro (Baie de), p. 321.
Silves, pp. 75, 285, 294, 297-8, 322, 325.
Siméon (Le grand-prêtre), ses reliques, p. 69.
Siméon le Logothète, p. 67.
Simon Ivarsson (N.), chanoine de Bergen, p. 398.
Simon Kárason (N), p. 289.

**SIMON de Linköping (S.), p. 369 n.
SIMONSEN (Vedel-) (D.). — V. VEDEL.
Sinaï, p. 89.
Sintre (Cintra), p. 180.
Sion, p. 443.
Sitisfaland (Mauritanie), p. 79.
SIVARDUS (Sigurd Ier) (N.), p. 186 n.
Sjámelingr (Andrès de) (N.), p. 330.
Sjávidarsund (Bosphore), p. 67.
Sjelland (Sélande) (D.), p. 156.
Sjustad (Runes de) (S.), p 100 n.
Skagerrack (D.), pp. 28, 291.
Skaldes, pp. 4, 53, 431-2.
Skalhólt (I.), pp. 363, 407 n., 420. — Evêque de S., pp. 361, 401-2.
Skalhóltsbók, pp. 7, 68, 77, 430, 440-2, 91.
Skara (S.), pp. 233, 390, 399, 407 n. — Evêques de S., pp. 356, 367, 369.
Skardsá (Thorstan de) (I.), p. 394.
**SKARTH Vinilsson (S.), p. 319.
Skedevi (S.), pp. 231-4.
Skenninge (S.), pp. 359-60, 371.
Sketeruth (D.), p. 317.
Skindrattr, p. 154.
Skinnsey (N.), p. 311 n.
SKJALM le blanc (D.), pp. 156, 288 n., 00 n.
**SKÓPTI Agmundarson (N.), pp. 167-170, 183, 357.
** SKORI, p. 288.
Skotland, p. 250 n.
Skreppa, p. 55.
Skridfinnar, p. 17.
Skringey (N.), p. 290 n.
SKULI de Borg (N.), p. 110.
*SKULI de Rein (N.), pp. 315-6, 334, 345-6, 390.
Skutilsveinn, p. 425.
Skvæmma (Nils de) (S.), p. 370.
SKYLITZÈS, p. 196 n.
Sköfde (S.). V. *Skedevi*.
Slagelse (D.), pp. 126, 307-8, 447.
Slangathorp (D.), p. 161.
Slangerup (D.), p. 161 n.
Slaves, pp. 19, 28, 36-7, 64, 100, 103, 108-9, 209, 218, 224-5, 269, 276-7, 288, 300-5, 331, 354, 396, 419.
SLEIPNIR, cheval d'Haddingr, p. 308.
Slesvig, pp. 82, 143, 142, 203, 277, 296, 407 n.

Småland (S.), pp. 209, 448.
Smolensk, pp. 66-7.
Snekkjur, pp. 53, 272.
SNJOLFR Sumarlidason (Sira) (I.), pp. 394, 402.
SNORRI le Bon (I.), p. 124.
SNORRI Magnússon (I.), p. 313.
SNORRI Sturluson (I.), pp. 4-5, 12, 15, 17, 108, 119, 183 n., 195, 208, 250, 312 n., 317 n., 319, 357, 432-3.
Sogne (Le), (N.), pp. 78 n, 124, 171 n. 246.
Soissons (Comte de), p. 321.
Solatra (Soleure), p. 82.
Soleure, p. 82.
Soli (N.), pp. 117, 167, 176.
SOLIMAN (Kilidje Arslan), pp. 147, 150 n.
Sologne, p. 396.
SOPHIE (D.), sœur de Knut IV de Dancmark, p. 270 n.
SOPHIE (Sainte), sa légende, p. 68 n. — Eglise de Sainte-S. à Constantinople, p. 68.
Sorö (D.), pp. 55, 381.
** SÓTI Skaldr (I.), p. 117.
Souabe, p. 203. — Duc de S., p. 283 n.
Souzdal, pp. 331, 375.
Soyolles (Bertrand de), pp. 392, 396-7, 399.
Spánheimr (Ögmundr de) (N.), pp. 330-1, 343. — Thorgeir de S., p. 383.
SPERLING (Otto) (D.), p. 151.
Spinæ (Lapis Hugonis), p. 389 n.
Spire, pp. 82, 220.
SQUARCCIALUPI, p. 366.
Stade, pp. 48, 82.
Stadarhólt (Thorgils de) (I.), p. 242.
Stadr (I.), p. 357.
Stair (Vigdr), p. 56.
STARCOLF, p. 185 n.
Stavanger (N.), pp. 379, 398, 401, 407 n.
Stavern (Stavorn), pp. 292-3.
Stavorn, p. 73.
Stavro Vouni, en Chypre, p. 162 n.
** STEFNIR THORGILSSON (I.), pp. 103-105, 112.
STEINN Skóptason (N.), p. 196 n.
* STENAR, chanoine de Linköping (S.), p. 383.
Stenninge (Katrina de) (S.), p. 383.

STEPHANOS, acolyte des Værings, pp. 222-3.
STEPHANUS, p. 152 n.
Stephanusborg (San Stefano), p. 83.
Sterting (Sterzingen), p. 86 n.
Sterzingen, p. 86 n.
Stettin, p. 111. V. Burstaborg.
Steypir, épée de Pétr Steypir, p. 313.
STIK Hvitaleder (D.), p. 288.
Stiklastadr (Bataille de) (N.), pp. 31, 121-3.
Stjörn, pp. 7, 433, 441, 445.
Stjórnamenn, p. 250.
Stockholm (S.), pp. 28 n., 370, 435, 438. V. Birka.
Stolm (N.), p. 292.
Stolpar (Erkulèss), p. 77.
Stólparsund (Corne d'Or), p. 67 n.
STRABON, p. 147 n.
Strandvik (N.), p. 352.
Strasbourg, pp. 82, 275.
Strengnäs (S.), pp. 232, 396, 407 n.
STRINNHOLM (S.), pp. 14, 414 n.
STURLA Thordarson (I.), pp. 351, 357.
STURLUNGUES (I.), pp. 178, 313, 334, 357.
STURLUSON (Snorri). V. SNORRI.
STYRMIR hinn Fródi (I.), p. 98.
Ståke (Vester-) (S.), pp. 231, 301.
Stödla (N.), pp. 244, 246.
Stöduborg, p. 82.
Suaire (Saint-), p. 68.
Subsides de Terre-Sainte, pp. 384-408.
Sudborg, p. 86 n.
Sudermanie, pp. 232, 372, 383.
Sudrgaungur, pp. 46, 47.
Sudrvegr, p. 80.
Sudurdalr (Souzdal), p. 331.
Sueci, p. 222.
Suecia, p. 131 n.
Suède, passim.
Suède (Grande-), p. 30.
Suédois, passim. — Leur rôle dans les croisades, pp. 37, 131, 273-5.
SUERIO (Don), évêque de Lisbonne, pp. 297, 321.
** SUENES (Suénon de Danemark), p. 148 n.
** SUÉNON d'Albert d'Aix, pp. 146-152, 170 n., 285.
SUERIUS Gosvinus, p. 324.
Sueti, p. 274.
Suetia, p. 274 n.
Suevi, p. 145 n.
SUGER, pp. 204, 249.
SUHM (D.), pp. 2, 130 n., 151, 153.
Suiones, p. 15.
Sulina (Bouches de la), (Parakladion), p. 67.
SUMIR de Bönestad (S.), p. 301.
SUNASON (Les) (D.), pp. 297-300, 335.
Sundholm (N.), pp. 206.
Sundmoer (N.), pp. 167 n., 168, 170.
Sunniva (Ste) (N.), p. 379.
Sunnmæri (N.). V. Sundmoer.
SUNO Ebbæ (D.), p. 300 n.
Supplimbourg (Lothaire de), p. 203.
Sutrium (Grand et petit), p. 84.
Suturan (Sutrium), p. 84.
Svanga (Schwangau), p. 86 n.
Svear, assimilés aux Sviones, pp. 15, 29.
SVEÍNN I Tjuguskeggr, roi de Danemark, pp. 27 n., 101, 105-6, 125 n.
SVEÍNN II Astridarson, roi de Danemark, pp. 58, 126, 140, 150, 152, 157, 219, 305.
SVEÍNN III Grathe, roi de Danemark, pp. 225, 230.
SVEÍNN Akason (D.), pp. 9, 149, 153.
SVEÍNN Alfifuson (N.), pp. 114, 177.
SVEÍNN Asleifsson (N.), pp. 248 n., 250 n.
SVEÍN Fjelding (D.), pp. 56 n., 60. V. FJELDING.
** SVEÍNN Godvinsson, pp. 125, 152 n.
SVEÍNN Hákonarson (N.), p. 114.
SVEÍNN Hroaldsson, pp. 247, 250.
** SVEÍNN Nordbaggi (D.), évêque de Roeskild, pp. 126, 149, 151 n.
SVEÍNN Sighvardsson (N.), p. 398.
SVEÍNN Sigurdsson (N.), p. 330.
** SVEÍNN Sveinsson (D.), troisième évêque de Viborg, pp. 88, 152, 226-9, 288.
** SVEÍNN Thorkillsson (D.), pp. 288-93.
SVERKIR II, roi de Suède, p. 335.
* SVERRIR, roi de Norvége, pp. 263, 271, 289-92, 296, 309-11, 316, 318, 340, 432.
SVIATOPOLK de Kief, p. 159.
SVIATOSLAV, p. 100.

Sviney (Pétr de) (N.), p. 310.
Svithiod hit mikla, p. 30.
Svithuna (Sainte) (N.), p. 379.
Svoldr (Bataille de), pp. 105-6, 109, 111, 117, 119.
SYBEL, p. 151.
Sydereyar, p. 250 n.
SYLVESTRE II, pape, 128 n.
Syr (Tyr), p. 442.
Syracuse, p. 324.
Syrie, passim.

Syriens, p. 267.
SYRITE (D.), fille de Sveinn Astridarson, p. 157.
Syrland (Syrie), p. 442.
Sæby (S.), p. 382.
SÆMUNDARSON. V. NIKOLAS.
Sætri, Cantyre, p. 246.
Sætt. V. *Sidon*.
Söborg (D.), p. 57.
Söderköping (S.), pp. 232, 383.
Södertelje (S.), p. 232.

T

Tanaqvisl (Don), p. 67.
TANCRÈDE de Hauteville, p. 183.
TANCRÈDE, pp. 137-8, 141, 145, 197.
TAFEL, p. 149.
Tarente (Anjou-), p. 394.
Taro, fl., p. 59.
Tarragone (Arruguen), p. 79.
Tarse, pp. 128, 134.
Tartares, pp. 344, 351.
TASSE (Le), pp. 146, 149, 151.
Tavastiens, p. 305.
TEDALDO Visconti, p. 360.
TEISSON (Raoul), p. 294.
TEITR Askersson (I.), p. 116 n.
Telioutza, p. 66.
Templiers, pp. 249 n., 259, 321, 326-7, 390, 393.
Temps nécessité par les Jórsalaferd, pp. 60, 61.
Terma, p. 147.
Terracine, p. 84.
Terre-Neuve, p. 19.
Terre Sainte, passim.
Tertinborg (Artaleberg), p. 86 n.
Testaments, pp. 381-4, etc.
Tetarion, p. 147 n.
Teutonici, p. 129 n.
Teutoniques (Chevaliers), pp. 283, 349, 426.
Tibériade, pp. 191, 280, 284. — Hugues de T., p. 167.
TIBERTIS (Francisco de), p. 395. — Leonardo de T., ibid.
Tibirke (D.), p. 234 n.
Tigre, p. 442.
Tignirmenn, p. 420.

Tiisvelde (D.), p. 234.
TIMOTHÉE (Saint), ses reliques, p. 68.
Thabor, pp. 87, 443.
THANGBRANDR (I.), un des apôtres de l'Islande, pp. 105, 364.
Theingilsbyr (Dinkelsbuhl), p. 86 n.
Thenen, p. 274 n.
THÉODORE (Chef de Saint), p. 68.
THÉODORIC de Vérone, p. 435.
THÉODORIC (Bains de), p. 84.
THEODORICUS, v. THIODREK.
THÉODOSE le Grand, p. 196.
THÉODOSE le Jeune, p. 294 n.
THÉOKTISTOS, p. 124.
THÉRÈSE, comtesse de Flandres, p. 313 n.
Thessalonique (Bataille de), p. 124.
Thiagola (Kilia), p. 67.
Thidreksbad (Bagnorea), p. 84.
THIDRIK af Bern, p. 435.
THIERRY, comte de Flandres, p. 255.
THIERRY de Montfaucon, archevêque de Besançon, p. 282.
Thingaland (Mauritanie Tingitane), p. 79.
Thingamenn, p. 428.
Thingeyrar (Abbaye de) (I.), pp. 81, 98, 227.
Things, pp. 24, 363, 417, 428.
Thingsvolden (N.), p. 342 n.
THIODREK, moine de Throndhjem (N.), pp. 5, 98, 109, 194, 208, 287 n.
Thiódvegr, p. 80.
THOMAS (Chef de Saint), p. 68.
THOMAS de Anfusis, p. 372 n.
THOMAS d'Aquin, comte d'Acerra, pp. 336-7.

THOMAS de Cantimpré, p. 308.
THOMASII Pilati (Ciano et Bindo), p. 389 n.
THOR, p. 231. — Marteau de Th. assimilé à la Croix, p. 56.
THORA de Giski (N.), p. 167 n.
THORA de Vik (N.), pp. 175 n., 240-1.
THÓRARINN Stuttfeldr (I.), skalde de Sigurd I de Norvége, pp. 212-3.
THORARINN Thorvaldsson (N.), p. 116 n.
THORBJÖRG de Rein (N.), p. 319.
THORBJÖRN KLERK (N.), assassin de Rögnvaldr III, p. 261.
**THORBJÖRN le Noir (N.), skalde d'Erlingr, pp. 246, 257.
**THÓRDR Sjáreksson (N.), pp. 112-113, 116 n.
**THÓRDR Skóptason (N.), pp. 168, 170.
THORGAUTR Fagrskinna (N.), p. 137.
*THORGEIRR Petrsson de Spánheimr (N.), p. 383.
**THORGEIRR Skótakollr (N,), p. 247.
THORGILS Sveinsson (D.), pp. 152, 159.
THORGILS de Kjalarnæs (I.), père de Stefnir, p. 103.
THORGILS de Stadarhólt (I.), p. 242.
THORGILS Thúfuskítr (N.), p. 310.
THORGRIM, p. 448.
**THÓRIR Hundr (N.), p. 122.
THÓRIR (Steigar) (N.), pp. 176-7.
THORKELL (N.), tué par Sigurd Mauclerc, p. 241.
**THORKELL (D.), chanoine de Lund, p. 302 n.
**THORKELL Krókauga (N.), pp. 247.
THORKELL Mátull (N.), archidiacre d'Oslo, pp. 397, 398.
THORKELL Thjóstarson de Heikskala (I.), væring, p. 97.
THORLACIUS (D.), p. 4 n.
THORLAK (Saint) (I.), son sanctuaire à Constantinople, pp. 68, 350.
THORLAUGR Bósi (N.), p. 350.
Thoron, pp. 283-4, 298.
Thorpar, p. 428.
THORSTAN de Skárdsá (I.), p. 394.
THORSTEINN hinn Fródi (I.), p. 124 n.
**THORSTEINN Rigardsson (N.) reçoit le baptême à Jérusalem, p. 120.
THORSTEINN Sudurfari (I.), pp. 120 n.
THORSTEINN Vikingsson, p. 97, 448.

**THORVALDR Kódransson Vidtförli (I.), pp. 100-105, 117, 120.
Θούλη, p. 141 n.
Thrace, pp. 68, 90, 195.
Thrandarnæs (N.), pp. 206, 344.
Thrandenses, p. 238.
Thrasnæs (Pointe du Raz), pp. 73, 252.
Throndhjem (N.), pp. 5, 175, 206, 208-9, 212, 240 n., 249 n., 290-1 n., 319, 344 n., 346, 361-2, 394, 398, 400, 402, 407 n., 420. — Archevêques de Th., pp. 311, 315-6, 342, 352, 356, 361, 364, 366, 368, 391, 393, 397, 399, 403. — Églis de Saint-Olaf à Th., pp. 307, 379.
Throndiotes (N.), pp. 238, 324.
**THRUGOT Pètrson (D.), p. 302 n.
THRUGOT (D.), év. de Börglum, p. 288.
Thrælathorp, p. 83.
Thule, pp. 77 n., 134, 141.
Thuringe (Landgraves de), pp. 279 n., 282, 285 n., 296, 334, 336.
THYRA, femme d'Olaf I de Norvége, pp. 106, 108.
TOENI (Raoul II de), p. 145 n.
**TÓFA (D.), p. 299.
TOGKEDIN, pp. 191, 194.
TOKI (Palna-) (D.), p. 288.
Topshöve (D.), p. 381.
Tornkrone, p. 361.
Tortose, pp. 136, 148 n., 323. V. Antaradus.
Toscane (Boniface III de), p. 196 n.
Toulouse (Comte de), pp. 135-6, 148.
Tour de David, p. 167.
Tournay, p. 404.
Tours, pp. 388, 391.
**TOVE (D.), p. 299 n.
Trajansbru (Voie Appienne), p. 84.
Trani, p. 84.
Trektar (Utrecht), p. 81.
Trenez (Pointe de), p. 73 n.
Trent (Trident), p. 86 n.
Trente, p. 86.
Trentthal, p. 86 n.
Trentudalr (Trentthal), p. 86 n.
Trèves, p. 226.
Trez (Pointe de), p. 73 n.
Trident, p. 86 n.
Tricuage, p. 57.
Triomphateurs (Rue des) à Constantinople, p. 196.

Tripoli, pp. 190, 256, 280. — Bertrand de Tr., pp. 148, 185.
Troie, berceau des Scandinaves, p. 17.
TROJANO (Antonio), p. 408.
Tromsö (N.), p. 344.
TROUSSEL (Guy). V. GUY.
Troyes, p. 388.
Troyens, p. 447.
TRYGGVI (N.), père d'Olaf I, roi de Norvége, pp. 99, 112, 118, 121.
TRYGGVI (N.), fils d'Olaf I, p. 114.
TRYGGVI, p. 448.
Tschernigov, p. 66.
TUDEBODE, pp. 130, 148.
TUKO, v. TYKO.
TULI Boson (D.), p. 381.
TULI de Gripsholm (S.), p. 301.
Tumbaland (S.), p. 383.
Tunique (Sainte), p. 68.
Tunis, pp. 79, 351, 356, 376. — Sultan de T., p. 349-52.
Tunisiens, p. 351.
Turci, p. 150 n.
Turcopoles, p. 135.
Turcopoli, p. 146 n.
Turcs, pp. 137 n.-8, 143, 147, 148 n., 214 n., 403, 408.
Turenne (Raymond de). V. RAYMOND.
Τυρίεον, p. 147 n.
Turo, p. 274 n.
Tusculum (Jean, évêque de), légat, p. 392.
Tuy, p. 74.
Tweta (S.), p. 358.
TYKO (D.), évêque d'Aarhuus, pp. 355-6.
TYKO (D.), évêque de Börglum, p. 228.
Tyla (Thule), p. 134.
Tyr, pp. 185-6, 190-4, 280, 282-3 n., 298, 442, 448.
Tyrcholm (S.), p. 371.
TYRI, p. 72.
Tzernigóga, p. 66.
TZINTZILUKAS (Andronikos). V. ANDRONIKOS.
Tömmerby (D.), p. 163.
Tönsberg (N.), pp. 287, 291, 310.
Tönsbergiens (N.), p. 289 n.

U

UGUET, p. 372 n.
ULF le Gallicien (D.), p. 157 n.
**ULF de Laufnæs (N.), pp. 48 n., 290-3.
* ULF, évêque de Skara (S.), p. 356.
ULF Stærk, p. 448.
**ULF Uspaksson (N.), écuyer d'Harald le Sévère, pp. 125, 319.
ULFARS, p. 448.
Ulfåsa (Bengt d') (S.). — V. BENEDIKT.
Ulixibona, p. 324 n.
Ulster (Bataille d'), p. 174.
ULYSSE assimilé à Odin, p. 15.
UNAS Kambari (N.), beau-père de Sverrir, roi de Norvége, p. 271 n.
Undal (Peter Clausson af) (N.), p. 312 n.
Untinis (Augustin de), légat, p. 408.
Upland (S.), pp. 205, 231, 263, 274, 301.
Upsala (S.), pp. 13, 17, 18, 29, 131, 231, 382, 390, 395, 399, 400, 401 n., 407 n., 435. — Archevêques d'U., pp. 233, 273, 370-1, 392-5. — Églises de Saint-Érik et de Saint-Lars à U., p. 380.
URBAIN II, pape, pp. 127-8, 130-1, 142.
URBAIN IV, pape, pp. 351-2, 355-6, 360, 379, 391, 408. — V. PANTALEO.
Urda (Fontaine d'), assimilée au Jourdain, pp. 18, 38.
URRAQUE, p. 238.
USINGER (Rudolph), p. 10.
USPAK, roi des Hébrides, p. 184 n.
Utgard, pp. 16, 18.
Utrecht, p. 81.
Utvik (N.), p. 330 n.

V

Vaagen (N.), p. 206.
Vadmel, p. 363.

Vaisseaux des Jórsalafarir, pp. 52, 53, 178 n., 195, 248, 250, 272, 290, 311, 436, 439.
VALDEMAR I, roi de Danemark, pp. 230, 262, 270 n., 276, 288, 299.
*VALDEMAR II, roi de Danemark, pp. 297, 300, 307, 313, 317 n., 332-3, 335, 338.
*VALDEMAR III, roi de Danemark, pp. 270 n., 332-3, 336.
**VALDEMAR IV Atterdag, roi de Danemark, pp. 51, 57, 379, 405, 408.
VALDEMAR (Les) de Danemark, p. 428.
*VALDEMAR Birgisson, roi de Suède, p. 358-9.
Valeras, p. 404.
Vallerd, étymologie de ce mot, p. 46
Valois (Philippe de), p. 403.
Valsoborg (Walsrode), p. 82.
Vannes (Pays de) (Væinuland), pp. 15 n., 74, 123.
Vannhusa (S.), p. 382.
Varbelgir, pp. 289, 291.
Varna (Constantia), p. 67.
Varrandi (Guérande), p. 74.
VASTOVIUS, p. 305.
Vatican, p. 11.
Vatn (Vallée de) (I.), 100.
Vatnsfjord (I.), p. 178.
Vebjarga (Viborg) (D.), p. 82.
VEDEL-SIMONSEN (D.), pp. 212, 300 n., 315.
VEGARDR de Veradalr (N.), p. 343.
Vendes, pp. 106, 156 n. 158, 218-9, 276, 288-9, 305.
Vendland, pp. 100, 110.
Vendsyssel (D.) (Henrik, évêque de V.), p. 150 n.
Venetii, p. 130 n.
BEVETOT, p. 199 n.
Venise, pp. 15 n., 86, 123, 178, 293-4, 298, 395.
Vénitiens, pp. 294 n., 403.
Veradalr (Vegardr de) (N.), p. 343.
Verbon, pp. 251-2.
Verceil, pp. 83, 400.
Verden, pp. 82, 322, 332.
Vermandois, p. 251.
Vermland (S.), p. 163.
Verona, p. 86 n.
Vérone (Didrik de), pp. 141, 435.
VERT CHEVALIER (Le), p. 280.

VESOSIS, roi d'Égypte, 97.
Vesterby, p. 234.
Vester Stüke (S.), p. 231.
Vesterås (S.), p. 407 n.
Vestmannie (S.), p. 382.
Vestrogothie (S.), pp. 50, 382.
Vestrvegr (Route occidentale du Nord en Terre-Sainte), pp. 70-80.
Vevay, p. 82.
Vexsjö (S.), pp. 233, 407 n.
Veyras, p. 400.
Vezelay, p. 220.
Via dolorosa, p. 443.
Viborg (D.), pp. 82, 88, 156, 226, 338.
VICTOR III, pape, p. 128 n.
VIDALIN (Pál) (I.), p. 133 n.
Videy (Abbaye de) (I.), p. 313.
Vidsjà, p. 290.
Vienne (Concile de), pp. 393-4, 397, 400, 402, 426.
VIERGE (Sainte), son tombeau visité par les Scandinaves, p. 87.
Vifilsburg (Avenches), p. 82.
VIGFUS (N.), p. 401.
VIGI, chien d'Olaf I de Norvége, pp. 107-8.
Vik (Maison de) (N.), pp. 175 n., 240.
Vik (Orcades), p. 247.
VIKAR (N.), fils de Magnús VI, p. 289.
Viken (Le) (N.), pp. 241, 263, 290 n., 421.
Vikingers Gilde, pp. 32, 276 n.
Vikings, passim.
**VILHJALMR (N.), évêque des Orcades, pp. 247, 250-6.
Viljalmsborg, p. 74.
Villafranca, p. 83.
Villeneuve d'Avignon, p. 403.
VINCENT de Beauvais, pp. 433, 440, 445.
VIOLANTE de Portugal, p. 350.
Virzinborg (Würzburg), p. 86 n.
Visandimadr, pp. 239-40.
Visby (S.), pp. 63-5, 158, 369, 401, 436, 440.
Viscardo (Porto), p. 85.
VISCONTI (Tedaldo), p. 360.
Viser, chants nationaux de Danemark, pp. 8, 360.
Visgardshöfn (Porto Viscardo), p. 85.
Visor, p. 163.

Visur, chants nationaux du Nord, p. 7.
VITAL (Orderik). — V. ORDERIK.
Viterbe, pp. 84, 355.
Vitetsevi, p. 66.
Viviers, p. 400.
Vlaardingen, p. 320.
VLADIMIR de Russie baptisé par l'évêque Paul, p. 100.
Volchow, p. 65.
Volga, pp. 121, 439.
VOLSUNGES (N.), p. 200.
Vossevangen, p. 383.
Vossius, p. 155 n.
Vousegrad, p. 66.

Vreta (Abbaye de) (S.), p. 232.
Væinuland (Comté de Vannes), pp. 15 n., 74, 123.
Värend (S.), pp. 372, 382.
Væringavegr, p. 63.
Værings, pp. 32, 42, 49, 63, 70, 90, 97, 103, 122-4, 125, 138, 140, 152, 159-61, 183, 195, 198-9, 202-3, 222-3, 245-6, 260-3, 294 n., 306, 309, 312 n., 319, 331, 375, 414-5, 437-8. — V. à la IVe croisade, p. 306. — Mer des V., p. 65.
Vœux de Terre-Sainte, pp. 51, 305, 314, 316, 333, 355, 362, 374, 380-1.

W

WACE (Robert), p. 200.
Wadstena (S.), p. 380.
Wahr el Kasmisch, p. 298.
Wallensis, p. 129 n.
Wallia, p. 273 n.
Walsrode, p. 82.
Wasconia, p. 130 n.
Wavrin (Hellin de), p. 279.
Wener (Lac) (S.), pp. 19, 168 n.
WERLAUFF (D.), p. 4 n.
Weser, pp. 133, 276.
Westphaliens, p. 327.
Wetter (Lac) (S.), p. 19.
Wexsjö (S.), p. 407 n. — V. *Vexsjö.*
Whent (La), p. 250 n.
Whentbeck (Le), p. 250.
Whiteby, p. 250 n.
Whitehavn, p. 250 n.

WIBALD, p. 223 n.
Wick (Orcades), p. 247 n.
Wied (Comte de), pp. 320-2, 324-8, 329, 337.
*WIFLOG Nilsson (S.), p. 382.
WILBRAND d'Oldenbourg, p. 162 n.
WILKEN, pp. 2, 10, 149.
WIMMAR. — V. GUINEMER.
Winchester (Évêque de), p. 336.
**WINNIDO de Banestorp (D.), p. 297.
Wismark (S.), p. 383.
Wissant (Hvitsand), pp. 73, 343.
Wititschef, p. 66.
Wittelspach (Conrad de), pp. 296-7.
Wolkowski (Forêt), p. 65.
Worms, pp. 296, 320.
Würzburg, pp. 86 n., 296, 404 n.
Wyschegorod, p. 66.

X

XÉNOPHON, p. 147 n.
Xérès, p. 326.

Xérigordos, pp. 143-4.

Y

YACOUB al Mansour, empereur du Maroc, pp. 297, 326.
YVAN Lejonriddaren, p. 434.

YVES de Grantemesnil, p. 138.
YVES de Nesles, comte de Soissons, p. 215.
YWAN et GAWIAN, p. 434.

Z

ZACHARIE (Saint), ses reliques, p. 69.
ZACHARIE, p. 385.
Zara, p. 307.

ZERZINE, fille de Balthasar, soudan des Turcs, p. 13.
Zomeergheem, p. 404.
Zuiderzee, p. 293 n.

Æ, Ä

Ægisdyra (Eider) (D.), p. 82.
Ægisif (Sainte-Sophie), p. 68.
Ægisnæs, pp. 69-8, 195, 260.
Ægyptaland (Égypte), pp. 79, 442.

Ænes (Gautr d') (N.), p. 330.
ÆRNCILS Næskonungsson (S.), p. 397.
Ættartal Noregs Konunga, pp. 5, 98.

Ö

ÖGMUNDR Drengr (N.), p. 244.
**ÖGMUNDR Skóptason (N.), pp. 168, 170.
**ÖGMUNDR de Spánheimr (N.), pp. 330-1, 343.
ÖGMUNDR, curé de Strandvik (N.), p. 352.

Ögnarbrandr, vaisseau de Pétr Steypir, p. 312.
Örebro (S.), p. 409.
ÖRVARR-ODDR. — V. ODDR.
Östenrör (Peter d') (S.), p. 371.
Östergarn (S.), p. 65.
Östergötland (S.), p. 370.

TABLE

DES

OUVRAGES CITÉS.

I

MANUSCRITS.

Abou Schamah, *les Deux Jardins.* — (c. p. 284, d'après Wilken, *Geschichte der Kreuzzüge*, IV, 84-6).

Abou Yali, *Histoire de Damas,* citée dans Abu Schamah. — (c. p. 258, d'après la *Bibliothèque des Croisades,* IV, p. 102).

Agrip af Kennimanskappr (Abrégé de l'histoire du genre humain). Copenhague, Bibl. de l'Univ., fonds Arnmagn., n° 625 in-f. Cf. *XLIV Pröver,* pp. 105-7. — (c. p. 433.)

Albericus monachus Novi-Monasterii, *Chronicon.* Paris, Bibl. Imp., lat. n° 4896 A. — (c. p. 221).

Anonyme Dijonnais, *Chanson d'Antioche,* (Rédaction du xiiie siècle). Paris, Bibl. Imp., fonds de Sorbonne, n° 540-8-2. — (c., p. 144.)

Anonymus Rhenanus, *Crucigerorum Rhenanorum A D.* 1217 *gesta.* Leyde, Bibl. de l'Univ., fonds de Vossius, n° 95 in-f. — (c. pp. 320, 322, 324-6, 327-8.)

Anonymus, *De bello contra Salahadinum gesto elegi.* Paris, Bibl. Imp., suppl. lat., n° 11340.—(c.pp. 279,281.)

Balduinus, archiepiscopus Cantuariensis, *Epistola ad Conventum Cantuariensem* (12 octobre 1190). Londres, Bibl. Lambeth, n° 415 in f. — (c. p. 286.)

Baudouin d'Avesnes, *Histoire de Flandres et des croisades.* Paris, Bibl. Imp., St.-Germ. français, n°s 84, 660. — (c. pp. 148, 192.)

Bernard le Trésorier, *Conte de la Tere d'Outremer.* Berne, Bibl. publ., n° 113. — (c. p. 54.)

Bibel Historie (Fragments d'Histoire sainte). Copenhague, Bibl. de l'Université, fonds Arnmagnéen, n° 310, in-4°. (Spécimen dans les *XLIV Pröver,* pp. 436-7.) — (c. p. 446.)

Caswini, *Monuments des Pays.* — (c. p. 76, d'après Dozy, *Recherches,* II, 239.)

Clari (Robert de), *L'estoire de chiaus qui conquisent Coustantinoble.* Copenhague, Bibl. Royale, fonds du Roi, n° 487, in-f. — (c. pp. 69, 196, 200, 294, 306-7.)

DIMISCHKI (Schems Eddin), *Les merveilles de la terre*. — (c. p. 76, d'après DOZY, *Recherches*, II, p. 239.)

Diplomatarium Suecicum, cartons de 1345 et 1355. Stockholm, Archives du Royaume. — (c. pp. 404, 406.)

Diplomatarium Danicum, registre n° 51. Copenhague, Archives du Royaume. — (c. p. 403.)

DU CANGE, *Histoire des Principautés et Royaumes de Chypre, de Hiérusalem, d'Arménie et des familles qui les ont possédés*. Paris, Bibl. imp., suppl. français, n° 1224. — (c. p. 149.)

EICKSTETTEN (Waltin von), *Kurze Bericht von Pommern*. Paris, Bibl. Riant, in-f. — (c. p. 318.)

EMAD EDDIN, *Modèle de l'éloquence de Kos*. Paris, Bibl. imp., mss. arabes, n°s 714, etc. — (c. p. 284, d'après la *Bibliothèque des Croisades*, IV, p. 245.)

Gimsteinur (Indverskir) (Les pierreries indiennes). Copenhague, Bibl. de l'Univ., fonds Arnmagnéen, n° 657, in-4°. (Extr. dans les *XLIV Pröver*, (p. 416). — (c. p. 447.)

Hauksbók (Livre du chancelier Haukr Erlendsson). — Copenhague, Bibl. de l'Univ., fonds Arnmagnéen, n° 544, in-4°. — Extr. dans les *Antiquités russes*, II. — (c. pp. 7, 21, 86, 98, 442.)

Histoire des Patriarches d'Alexandrie. Paris, Bibl. imp., ancien fonds arabe, n°s 139, 140. — (c. p. 312, d'après la *Bibliothèque des Croisades*, IV, 386.)

Hrokkinskinna (Peau rugueuse). Copenhague, Bibl. royale, n° 1010, in-f. — (c. pp. 4-5, 176.)

Hryggjarstykkir (Dos). Stockholm, Biblioth. royale, fonds islandais, n° 14, in-f°. — (c. pp. 5, 176.)

IBN GIOUZI, *Miroir des Temps*. Paris, Bibl. imp., ancien fonds arabe, n° 641. — (c. pp. 166, 194, d'après la *Bibliothèque des Croisades*, IV, 24.)

Kitâbul-já rafiyah (Le), cité dans MAKKARI. — (c. pp. 77, 236.)

LORENZO DI FIRENZE, (*Version italienne de Guillaume de Tyr*). — Florence, Bibl. Laurentienne, plut. LXI, n° 45. — (c. pp. 146, 186, 192.)

LUDOVICUS DE SUCHEN, *Itinerarium Terræ Sanctæ*. — Upsal, Bibl. de l'Univ., fonds de Wadstena n° 43, in-4°. — (c. p. 73, par erreur, comme anonyme.)

MANDEVILLE (Jean de), (*Version danoise de son voyage en Terre-Sainte*). Stockholm, Bibl. royale. (Publié en extraits dans BRANDT, *Gammel dansk Læsebog*, pp. 115-123). — (c. p. 442.)

MARQUARDT, *De Ordine elephantino*. Paris, Bibl. imp., suppl. lat. n° 6058. — (c. p. 128.)

MAURITIUS, *Itinerarium in Terram Sanctam*. Christiania, Archives du Royaume, n° 58, in-8°. — (c. pp. 72, 75-6, 79, 436, 442-3.)

MICHEL LE SYRIEN, *Chronique* (en arménien). Cité dans PETERMANN, *Beiträge z. Geschichte der Kreuzzüge aus Armenischen Quellen*, p. 149. Extr. dans les *Hist. Armén. des Croisades*. — (c. pp. 260, 281.)

MONACHUS (HAYMARUS), *Tetrasticha de Acconensi obsidione*. Bamberg, Bibl. royale, n° B. IV, 29, in-f°. — (c. p. 274.)

Morkinskinna (Peau pourrie). Copenhague, Biblioth. royale, n° 1009, in-f°. — (Publié à Christiania, 1867, in-8°.) — (c. pp. 4, 5, 176-7, 183.)

Necrologium Augiense. Carlsruhe, Archives grand-ducales, f. de Reichenau, n° 118. — (c. p. 47.)

PETREJUS (Nicolaus), *De Cimbrorum et Gothorum Origine* (Amplification du texte imprimé). Stockholm, Archives du Royaume. (Cf. Wallin, *Gotlandska Samlingar*, I, p. 239). — (c. p. 158.)

Regesta secreta Clementis VI, Innocentii VI et Johannis XXII, papa-

TABLE DES OUVRAGES CITÉS.

rum. — (Copies faites à Rome par Munch et conservées aux Archives royales de Copenhague.) — (c. pp. 376, 380, 396, 404-6.)

Rímur (*Geiplu ok Rollands*). Stockholm, Bibl. royale, fonds islandais, n°s 1 et 22, in-4°. — (c. p. 434.)

Roman d'Auberi. Paris, Biblioth. imp., anc. fonds, n° 7227. — (c. p. 46.)

— *de Blancandin.* Paris, Bibl. imp., fr. n° 6987, in-f°. — (c. p. 46.)

— *de Baudouin de Rohas.* Paris, Bibl. imp., suppl. fr., n° 105. — (c. p. 89.)

Saga (*Adoniúss*) *ok Konstantinúss.* Stockholm, Bibl. royale, fonds islandais, n° 48, in-f°. — (c. p. 448.)

— (*Bevúss*). Stockholm, Bibl. royale, f. isl., n° 6, in-4°. — (c. p. 448.)

— (*Clarúss*) *Keisarasonar.* Stockholm, Bibl. royale, f. isl., n° 6, in-4°. — (Extr. dans les *XLIV Pröver*, p. 433). — (c. p. 448.)

— (*Constantinúss*). — V. *Saga* (*Adoniúss*).

— (*Damastu*) *ok Jóns, Smálands Konungs.* Stockholm, Bibl. royale, f. isl., n° 1, in-f°. — (c. p. 448.)

— (*Damusta*). Copenhague, Bibl. de l'Univers., fonds Arnmagnéen, n°s 557 et 604, in-4°.— (c. p. 448.)

— (*Dinúss*) *ens dramblata.* Stockholm, Bibl. royale, f. isl., n° 34, in-4°. — (c. p. 434.)

— (*Ereks*) *Artuskappa.* Copenhague, Bibl. de l'Univ., fonds Arnmagnéen, n° 179, in-f°. (Extr. dans Lady Guest, *Mabinogion*, II, p. 193).— (c. p.434.)

— (*Florèss*) *ok Leos.* Stockholm, Bibl. royale, f. islandais, n° 16, in-4°. — (c. p. 434.)

— (*Hektors*). Copenhague, Biblioth. de l'Univers., fonds Arnmagnéen. — (c. p. 447, d'après Müller, *Sagabiblioth.*, III, p. 480.)

— (*Hrings*). — (c. p. 448, d'après Müller, *Sagabibliothek*, III, p. 482.)

— (*Joans*) *Præst af Indialandi* (Légende du prêtre Jehan). Stockholm, Bibl. royale, f. isl., n° 17, in-8°.—(c. p. 447.

Saga (*Jóns*). — V. *Saga* (*Damastu*).

— (*Ivents*) *Artuskappa.* Copenhague, Bibl. de l'Université, f. Arnmagnéen, n°s 179, 181.— (Extr. dans Lady Guest, *Mabinogion*, I, p. 232.)— (c. p. 434.)

— (*Kirjalax*). Copenhague, Bibl. de l'Univ., fonds Arnmagnéen, n°s 489 et 589, in-4°. (Extr. dans *XLIV Pröver*, pp. 400-6.) — (c. pp. 96, 448.)

— (*Leos*). — V. *Saga* (*Florèss*).

— (*Parcevals*). Copenhague, Bibl. de l'Univ., fonds Arnmagn., n°s 179 et 181, in-f°. — (Extr. dans Lady Guest, *Mabinogion*, I, p. 412.)—(c. p. 434.)

— *Sigurgards Fræknir.* — (c. p. 448, d'après Müller, *Sagabibliothek*, III, 484.)

— (*Ullfars*), (*Ulfs*) *hinns stærka.*— (c. p. 448, d'après Müller, *Sagabibliothek*, III, p. 484.)

Skalhóltsbók (Livre de Skalhólt). Copenhague, Bibl. de l'Univ., fonds Arnmagnéen, n° 764, in-4°. (Extr. dans les *Antiquités russes*, II, p. 442, etc.) — (c. pp. 7, 69, 77, 442.)

Stædhe (*Thee Helliæ*) (Les Lieux saints). Copenhague, Bibl. de l'Univ., fonds Arnmagnéen, n° 792, in-4°. (Extr. dans Brandt, *Læsebog*, pp. 306-10.)— (c. p. 442.)

Sögur (*Nidrstigningar*) (Histoires de la descendance). Copenhague, Bibl. de l'Univ., fonds Arnmagnéen, n° 623, in-f°. — (c. p. 433.)

— (*Romverja*) (Histoires Romaines). Copenhague, Bibl. de l'Univ., fonds Arnmagnéen, n°s 132, 226, in-f°; 395, in-4°. — (Extraits dans les *XLIV Pröver*, pp. 108-381). — (c. p. 433.)

— (*Veraldar*) (Histoires de l'Univers). Copenhague, Bibl. de l'Univ., fonds Arnmagnéen, n° 625. — (Extraits dans les *XLIV Pröver*, pp. 64-102). — (c. p. 433.)

Thattr (*Thorsteins*) *Sudurfara* (Histoire de Thorsteinn, le voyageur au Sud). Oxford, Bibl. Bodléienne, fonds islandais, n° 44, in-4°. — (c. p. 120.)

II

IMPRIMÉS.

A

ABRAHAMSON. — V. *Viser*.
ABU MOHAMMED SALIH. — V. *Salih*.
ABULFEDA, *Histoire*, extr. dans les *Historiens arabes des Croisades*. — (c. pp. 214, 256).
— *Commentatio de bellorum sacrorum historia*, exc. Wilken, Gottingæ, 1798, in-4. — (c. pp. 192, 223, 260, 284.)
ABULFARAGE (Grég.), *Historia compendiosa dynastiarum*, ed. E. Pocockius, Oxoniæ, 1663, 1 vol. in-4. — (c. p. 260.)
Acta litteraria Sueciæ. Upsaliæ, 1720-1739, 4 vol. in-4. — (c. pp. 47, 58, 94).
Acta sanctorum, ed. J. Bollandus, etc. Bruxellis, 1643-1861, in-fol. — (c. passim).
Acta sanctorum ordinis sancti Benedicti. Paris, 1668-1701, 9 vol. in-fol. — (c. p. 125).
ADEMARUS, *Chronicon francicum*, ap. PERTZ, IV, pp. 113-148.—(c. 63, 120).
AFZELIUS (A. A.), *Svenska Folkets Sago-Häfder* (Annales légendaires du peuple suédois). Stockholm, 1844-1864, 10 vol. in-8.—(c. pp. 163, 232-4, 423, 438).
ADAMUS BREMENSIS, *Historia ecclesiastica*, ap. LINDENBROG, *Scriptores rerum Germanicarum septentrionalium*. Hamburgi, 1706, in-fol., 1-69 — (c. pp. 64, 72, 119).
AFZELIUS. — V. *Visor*.
Agrip af Noregs konungasögum (Abrégé des Sagas royales de Norvége), ed. Munch (P. A.), dans les *Samlinger til det norske Sprog og Historie*, II, pp. 273-335.— (c. pp. 5, 98, 109, 176-7, 192, 203, 209).
ALBERICUS MONACHUS, *Chronicon*, ed. Leibnitz. Hanoveræ, 1698, in-4. — (c. pp. 144, 146, 163, 221, 260, 273, 329).
ALBERTUS AQUENSIS, *Chronicon Hierosolymitanum*, dans BONGARS, *Gesta Dei per Francos*, I, pp. 184-381 —(c. pp. 22, 87, 89, 129, 134-7, 139, 142-152, 164-6, 178, 185-7, 191-4).
ALBERTUS STADENSIS, *Chronicon*, ed. R. Reineccius, Helmstadt, 1587, in-4 — (c. pp. 137, 143, 151, 163).—V. *Annales Stadenses*.
Alexander konung (Le roi Alexandre), ed. G. E. KLÆMMING. Stockholm, 1862, in-8. — (c. p. 435.)
ALEXANDER III. — V. *Epistolæ*.
ALLUT (P.), *Inventaire des titres recueillis par Samuel Guichenon*. Lyon, 1851, in-8. — (c. p. 13.)
ALPHONSUS, Giennensis episc., *Momenta itineris sanctæ Brigittæ*, ap. MARGARETHÆ abbatissæ *Chronicon*, ed. Erbenzelius, Upsaliæ, 1709, in-4, p. 28. — (c. p. 161.)
ANNA COMNENA. — V. COMNENA.
Annálar Islenzkir (Annales Islandaises). Hafniæ, 1847, in-4. (c. passim.)
Annaler for nordisk Oldkyndighed (Annales d'archéologie norraine). Kjöbenhavn, 1836-1863, 26 vol. in-8. — (c. passim.)

TABLE DES OUVRAGES CITÉS.

Annales Aquicinctini, dans PERTZ, XVI, 503-6. — (c. pp. 279, 281, 286.)
— *Blandinenses,* dans PERTZ, V, 20-34. — (c. p. 223.)
— *Bremenses,* dans PERTZ, XVII, 854-8. — (c. pp. 298, 414.)
— *Brunwilarenses,* dans PERTZ, XVI, 724-8. — (c. p. 223.)
— *Cistercienses.* — V. MANRIQUE.
— *Colonienses maximi,* dans PERTZ, XVII, 729-847.—(c.pp. 142, 223, 260, 278-9, 281, 295, 297-8, 320, 329.)
— *Egmundani,* dans PERTZ, XVI, 443-479. — (c. pp. 223, 258, 281, 283).
— *Floreffienses,* dans PERTZ, XVI, 618-31. — (c. p. 260.)
— *Hamburgenses,* dans PERTZ, XVI, 382-5. — (c. p. 298.)
— *Hirsaugienses.* — V. TRITHEMIUS.
— *Magdeburgenses,* dans PERTZ, XVI, 107-196. — (c. pp. 142, 223, 225.)
— *Marbacenses,* dans PERTZ, XVII, 146-180. — (c. pp. 281, 283-4.)
— *Mettenses,* dans PERTZ, I, 316-336. — (c. p. 65.)
— *Novesienses,* dans MARTÈNE, *Amplissima collectio,* IV.— (c. pp. 283, 286.)
— *Palidenses,* dans PERTZ, XVI, 48-98. — (c. p. 223.)
— *Parchenses,* dans PERTZ, XVI, 598-608. — (c. pp. 223, 260.)
— *Rerum Belgicarum,* ed. SWEERTIUS. Francof., 1620, in-fol.— (c. pp. 281, 284.)
— *Rodenses,* dans PERTZ, XVI, 699-723 —(c. pp. 223, 260.)
— *Ryenses.* — V. *Chronicon Erici.*
— *Sancti Disibodi,* dans PERTZ, XVII, 6-30. — (c. pp. 45, 137, 223.)
— *Sancti Jacobi Leodiensis,* dans PERTZ, XVI, 635-645. — (c. p. 260.)
— *Stadenses,* dans PERTZ, XVI, 283-378. — (c. pp. 72, 81, 91, 142, 223, 278, 281, 284, 297-8.) — V. ALBERTUS STADENSIS.
— *Wormatienses,* dans PERTZ, XVII, 74-9. — (c. p. 320.)
ANNALISTA SAXO, *Chronicon,* dans PERTZ, VI, 542-777. — (c. pp. 142, 150.)
ANONYMUS BÖRGLUMENSIS, *Commentarius de profectione Danorum in Terram Sanctam,* ed. Kirchmann. Amstelod., 1684, in-12. — (c. pp. 90-1, 267-8, 271, 287, 292-5.)
ANONYMUS, *De amissione Terræ Sanctæ historia.* — V. *Historia.*
ANONYMUS FRISO (apud EMONEM), dans HUGO, *Sacræ Antiquitatis monumenta,* I, 409-504. — (c. pp. 320-1, 324-5.)
ANONYMUS, *Gesta Francorum expugnantium Hierusalem.* — V. BARTOLFUS.
ANONYMUS, *Narratio de itinere navali a.* 1189, ed. DA SILVA LOPEZ. Lisboa, 1844, in-4. — (c. pp. 277-8, 284.) — V. SILVA.
ANONYMUS RAVENN., *Cosmographia,* ed. Pinder et Parthey. Berolini, 1860, in-12.— (c. p. 66.)
ANONYMUS ROSKILDENSIS, *Chronicon Danicum,* dans LANGEBECK, I, 373-387. — (c. p. 126.)
Antiquitates Goslarienses, dans Heineccius, *Scriptores Rerum Germanicarum.* — (c. p. 332.)
Antiquités russes, ed. C. RAFN. Copenhague, 1850-2, 2 vol. in-4.— (c. passim.)
ARI HINN FRÓDI, *Islendingabók* (Le livre d'Islande). Hafniæ, 1744, in-4. — (c. pp. 4, 109.)
ARNGRIM JÓNSSON. — V. JONAS.
ARNOLDUS LUBECENSIS, *Chronica Slavorum,* ed. H. Bangert. Lubecæ, 1659, in-4.— (c. pp. 279, 281, 283, 297-8.)
Art de vérifier les dates. Paris, 1783. 3 vol. in-fol. — (c. p. 183.)
ARWIDSSON (A. J.), *Förteckning öfver kongl. Bibliothekets i Stockholm isländska Handskrifter* (Catalogue des manuscrits islandais de la Bibliothèque royale de Stockholm). Stockholm, 1848, in-8. — (c. p. 435.)
ATTERBOM, *Grundragen af fornskandinaviska Vitterhetens Historia* (Éléments d'histoire littéraire norraine). Stockholm, 1864, in-8. — (c. p. 15.)
Auctarium Affligemense, dans PERTZ, XI, pp. 398-405. — (c. p. 260.)
— *Aquicinctinum,* dans PERTZ, VI, 392-8. — (c. p. 260.)

B

BACHEM, *Chronologie der Hochmeister der Deutschen Ordens.* Münster, 1802, in-4°. — (c. p. 283.)

BAGGESEN (J.), *De Danskes Priis* (L'honneur des Danois), dans les *Skandin. Literaturs Selskabs Skrifter*, III, 438-457. — (c. p. 151.)

BAGREEF. — V. SPERANSKI.

BALDRICUS DE BURGOLIO, Dolensis archiep., *Historia Hierosolymitana*, dans Bongars, I, 81-138.—(c. pp. 129, 136-8, 143-6.)

BALDUINUS NINOVIENSIS, *Chronicon*, dans HUGO, *Sacræ Antiquitatis Monumenta*, II. — (c. p. 260.)

BALUZE (S.), *Miscellanæa.* Paris, 1678-1715, 7 vol. in-12.—(c. pp. 192, 267.)

BANDURIUS (A.), *Imperium Orientale.* Paris, 1711, 2 vol. in-fol. — (c. p. 294.)

BARONIUS (C.), *Annales ecclesiastici*, ed. MANSI. Lucæ, 1738-59, 35 vol. in-fol. — (c. pp. 128, 152, 233, 267, 277.) V. RAYNALDUS.

BAETHIUS (Casp.), *Commentariorum liber septimus*, dans LUDEWIG, *Reliquiæ manuscriptorum*, III. — (c. p. 130.)

BARTHOLINUS (Th. Th.), *De Holgero Dano*, Kjöb., 1677, in-8. — (c. p. 95.)
— *Annales*, dans LANGEBECK, I, 334-342. —(c. p. 150.)

BARTOLFUS PEREGRINUS, *De gestis Francorum, seu Gesta Francorum expugnantium Hierusalem*, dans les *Historiens des Croisades*, III. — (c. pp. 130, 137-8, 144, 146.)

BENEDICTUS PETROBURGENSIS, *Vita Henrici II et Ricardi I*, ed. Th. Hearne. Oxoniæ, 1735, 2 vol. in-8. — (c. pp. 81, 89, 272, 279, 283-6.)

BENINGHA (Eggeric), *Chronik van Ost-Friesland*, dans MATTHÆUS, *Vet. Ævi Analecta*, IV. — (c. p. 284.)

BENJAMIN TUDELENSIS, *Itinerarium*, ed. Const. Lempereur. Lugd. Batav., 1633, in-12. — (c. pp. 68, 85, 200.)

BENZELIUS, *Monumenta.* — V. *Monumenta.*

BERGMANN. — V. *Gylfaginning.*

BERNARD LE TRÉSORIER. — V. PIPPINUS.

BERNARDUS (S^{us}.), *Opera omnia*, ed. Migne. Paris, 4 vol. gr. in-8. — (c. p. 224.) — V. *Epistolæ.*

BERNARDUS GUIDONIS, *Chronicon vetus regum Francorum*, extr. dans D. BOUQUET, XII, 230-3. — (c. p. 224.)
— *Vita Clementis papæ*, dans MURATORI, III. — (c. p. 281.)

Biblioteca de los autores españoles, ed. P. DE GAYANGOS, etc. Madrid, 1850-8, 44 vol. gr. in-8. — (c. passim).

Bibliotheca maxima veterum patrum, ed. Ph. DESPONT. Lugd. Batav., 1677, 27 vol. in-fol. — (c. p. 214.)
— *nova manuscriptorum*, ed. Ph. LABBE. Paris, 1657, 2 vol. in-fol. — (c. p. 94.)
— *Patrum Cisterciensium*, ed. TISSIER. Paris, 1669, 2 vol. in-fol. — (c. pp. 226, 230.)

Bibliothek (Dänische), Kjöbenhavn, 1737-48, 9 v. in-12. — (c. p. 308.)
— (Resens), Kjöbenhavn, 1686, in-4. — (c. pp. 163, 379.)

Bibliothèque de l'École des Chartes. Paris, 1839-65, 27 vol. in-8. — (c. pp. 58, 128, 285, 434.)

Bibliothèque des Croisades, IVe volume (Historiens arabes), par REINAUD. Paris, 1829, in-8. — (c. pp. 166, 194, 280, 284, 312.)

BIRCHEROD (J.) et HERTZHOLM, *Breviarium equestre.* Hauniæ, 1704, in-fol. — (c. p. 128.)

BIRGITTA (Sancta). — V. BRIGITTA.

Biskopskrönika. — V. *Rijmkrönika.*

Biskopsrijmkrönika. — V. *Rijmkrönika.*

BIZZARRI (Petrus), *De Syriaca expeditione.* Basileæ, 1573, in-8°. — (c. pp. 185-192.)

BOCKZECK. — V. *Codex diplomaticus.*

BOHA-EDDIN, *Vita et res gestæ Sala-*

dini, ed. Schultens. Lugd. Batav., 1732, in-fol. — (c. p. 284)
BONGARS. — V. *Gesta.*
BRANDT (C. J.), *Gammel dansk Læsebog* (Lectures en danois ancien). Kjöb., 1857, in-8. — (c. pp. 435, 442.)
— *Dansk Klosterlæsning fra Middelalderen* (Littérature monastique danoise du moyen âge). Kjöb., 1858, in-8. — (c. p. 68.)
BREMER, *Erik Eyegod*. Kjöb., 1817, in-8. — (c. p. 163.)
Breviarium Scarense. Norimbergæ, 1498, in-4. — (c. p. 233.)
BRIGITTA (Sancta), *Revelationes*. Lubecæ, 1492, in-fol. — (c. pp. 41, 406.)
BRING (E. S.), *Om Skandinavernas Valfarterna och Korstågen* (Pèlerinages et croisades des Scandinaves). Lund, 1827, in-8 — (c. pp. 99, 231, 234, 300, 378.)
BRITO (Bernardo de), *Monarchia Lusitana*. Alcobaça, 1590, in-fol. — (c. p. 221.)
BROCMANN. — V. *Saga Ingwars*.
BROMPTON (JOHANNES), *Chronicon*, dans TWYSDEN, *Historiæ Anglicanæ scriptores*, 721-1284. — (c. pp. 81, 196, 201, 224, 272, 279, 283-6).
BRUNIUS (C. G.), *Gotlands Konsthistoria* (Histoire artistique de Gotland). Lund, 1863-6, 3 vol. in-8 — (c. p. 158.)
— *Beskrivning öfwer Lunds Domkyrka* (Description de la cathédrale de Lund). Lund, 1836, in-8. — (c. p. 230.)
BRUUN (Chr.). *Den danske Literatur fra Bogtrykkerkunsten Indförelse til* 1550 (La Littérature danoise depuis l'introduction de l'imprimerie jusqu'en 1550). Kjöb., 1865-8, in-8. — (c. p. 441.)
Brynhildarkvida (Chanson de Brunhild), dans l'*Edda Sæmundar*, II, 189-210. — (c. p. 21.)
BRYNJOLF ALGOTSSON, *Skara Biskops-Rijmkrönika* (Chronique épiscopale rimée de Skara), dans BENZELIUS, *Monum. veteris Ecclesiæ Sueo-Goth*. — (c. pp. 356, 369.)
BUDDHA (JÓN), *Vita sanctæ Melchtildæ*, fragm. dans RIETZ, *Helgona Sagor*, p. 300. — (c. p. 360.)
BUGENHAGEN (J.), *Pomerania*. Gryphiswald, 1788, in-4. — (c. p. 318.)
BUGGE. — V. *Viser*.
Bullarium Sueo-gothicum, ed. M. A CELSE. Stockholm, 1782, in-4. — (c. pp. 402, 406-7.)
Bulletin de l'Académie de Bruxelles. Bruxelles, 1836-49, 16 vol. in-8. — (c. p. 277.)
BURCHARDUS DE BIBERACH (Conradus a Lichtenau), *Chronicon abbatis Urspergensis*. Argentorati, 1609, in-fol. — (c. pp. 142, 272, 281.)
— *Historia Frederici imperatoris*. Ulmæ, 1790, in-4. — (c. p. 272).
Bygninger (Norske) fra Forntiden (Constructions norvégiennes d'autrefois). Christiania, 1865-8, in-fol. — (c. p. 437.)
BZOVIUS (A.), *Annales ecclesiastici post Baronium*. Romæ, 1616-26, 8 vol. in-fol. — (c. p. 331.)
BOECLER, *Dissertatio de Passagiis*. Argentorati, 1658, in-8. — (c. p. 61.)
BÖHMER. — V *Fontes*.
Bœjarlög. — V. *Lög*.

C

CAFARUS GENUENSIS, *De liberatione civitatum Orientis*, dans les *Atti della Soc. Ligure di storia patria*, t. I, Genoa, 1859, in-8°. — (c. pp. 135, 137.)
— *Annales Genuenses*, dans PERTZ, XVIII, pp. 11-356. — (c. p. 307.)
CALVISIUS, *Opus chronologicum*, in-f. Francofurti, 1629, in-4°.— (c. p. 221.)
CAMDEN, *Anglica*, Francof. 1602, in-f. — (c. p. 272.)
CANGE (DU) — v. DU CANGE.

Catalogus regum Sueciæ, dans les *Scriptores rerum Suecicarum*, 1, I. — (c. p. 232.)

CATO (DIONYSIUS) — v. DIONYSIUS.

CAVALLIUS (HYLTÉN-) — v. HYLTÉN.

CEDRENUS (Georgius), *Synopsis historiarum*. Paris, 1641, in-f. — (c. p. 97.)

CELSE (M. A) — v. *Bullarium*.

CINNAMUS (J.), *Epitome rerum a Joh. et Alexio Comnenis gestarum*. Paris, 1670, in-f. — (c. p. 222.)

Chanson d'Antioche (La), éd. P. Paris. Paris, 1848, 2 vol. in-12. — (c. pp. 138, 140, 143, 145, 147.)

Charlemagne, — v. *Roman*.

CHONIATES (NICETAS) — v. NICETAS.

Chronica Gothorum dans les *Monumenta Portugalliæ historica*, I. — (c. pp. 221, 223, 254-5.)

— *Sclavica*, dans LINDENBROG, *Scriptores rerum Germanicarum septentrionalium*, p. 200, etc. — (c. p. 283.)

Chronicon Alcobacense, dans les *Monum. Portugalliæ historica*, I. — (c. p. 223.)

— *Alexandrinum*. Paris, 1688, in-f. — (c. p. 196.)

— *Altissiodorense* — v. ROBERTUS MAUCHET.

— *Bremense*, dans MEIBOMIUS, *Scriptores rerum Germanicarum*, II. — (c. p. 139.)

— *Claravallense*, dans MIGNE, *Patrologia*, CLXXXV. — (c. p. 230.)

— *Conimbrense*, dans les *Monum. Portugalliæ histor.*, I. — (c. p. 223.)

— *Elnonense*, dans SMET, *Corpus chronicorum Flandriæ*, I. — (c. p. 223.)

— *Erici (Annales Ryenses)*, dans LANGEBECK, I, 148-70. — (c. p. 313.)

— *Halberstadense*, dans LEIBNITZ, *Scriptores rerum Brunswicensium*, II, pp. 110 et s. — (c. p. 298, 307.)

— *Hierosolymitanum breve*, dans BALUZIUS, *Miscellanæa*, I. 432. — (c. p. 192.)

— *Iriense*, dans FLOREZ, *España sagrada*, XX. — (c. p. 238.)

— *Lamecense*, dans les *Monum. Portugalliæ historica*, I. — (c. p. 223.)

Chronicon Lüneburgicum, dans Eccard, *Corpus historicorum M.Æ.*, I., 1315-1412. — (c. pp. 296, 298.)

— *Lusitanicum*, dans FLOREZ, *España sagrada*, XIV. — (c. p. 221.)

— *Monniæ et Insularum*, éd. Munch, Christiania, 1860, in-8º. — (c. p. 129.)

— *Norvagiæ breve*, dans MUNCH, *Symbolæ ad historiam antiquiorem Norvegiæ*. Christianiæ, 1850, in-4º, pp. 1-18. — (c. pp. 108, 120.)

— *Placentinæ urbis*, dans MURATORI, XVI, 561-84. — (c. p. 59.)

— *Sampetrinum Erfurtense*, dans MENCKEN, *Scriptores rerum Germanicorum*, III, 201-344. — (c. pp. 298, 329.)

— *Sancti Bavoni Gandensis*, dans SMET, *Corpus chronicorum Flandriæ*, I. — (c. pp. 166, 178, 192, 223.)

— *Sancti Bertini*, dans MARTÈNE, *Thesaurus anecdotorum*, III, pp. 441-776. — (c. pp. 279, 281.)

— *Sialandiæ*, dans LANGEBECK, II, pp. 602-644. — (c. p. 230.)

— *Turonense*, extr. dans MARTÈNE, *Amplissima Collectio*, V, 917-1072. — (c. pp. 224, 249, 281, 284.)

— *Urspergense*. — V. BURCHARDUS.

Chronicle (The Anglo-Saxon), éd. B. Thorpe. London, 1861, 2 v. in-8º. — (c. pp. 125, 179.)

Chronijck van der Duytschen Orden, dans MATTHÆUS, *Veteris Ævi Analecta*, v. — (c. pp. 60, 283.)

Chronik (Bremische), dans LAPPENBERG, *Geschichtsquellen der Erzstiftes Bremen*. — (c. p. 296.)

— *(Olivaische)*, dans les *Scriptores rerum Prussicarum*, I. — (c. p. 283.)

— *(Wendische)*, éd. Grautoff, à la suite de DETMAR, *Lübeckische Chronik*, Hamburg, 1829, in-8º. — (c. p. 283.)

Chronique de Flandre et des Croisades, dans SMET, *Corpus chronicorum Flandriæ*, III. — (c. p. 280.)

Chroniques de Normandie, éd. F. Michel. Paris, 1839, in-4º. — (c. pp. 54, 200.)

Chronologia Suecica vetus, dans les *Scriptores rerum Suecicarum*, I, pp. 47 et suiv. — (c. p. 299.)

CLAUSSON (PEHR), *Norske Kongers Chronica* (Chronique des rois norvégiens), Kjöb., 1833, in-4°. — (c. pp. 12, 312, 317). V. SNORRI.

CLEMENS (S^{us}) *Homiliæ*, éd. Dressel, Gottingæ, 1853, in-8°. — (c. p. 442.)

CLEMENS III papa, *Decretales*, dans BARONIUS, *Annales*, ad ann. 1188. — (c. p. 277.) — V. *Epistolæ*.

CLERC (Victor LE), *Discours sur l'état des lettres au* XIVe *siècle*, dans l'*Histoire littéraire de la France*, t. XXII. — (c. p. 414.)

Codex diplomaticus Moraviæ, éd. Bockzeck. Olomuciæ, 1836, 3 vol. in-4°. — (c. pp. 224-5, 305.)

Codex diplomaticus Prussicus, édit. VOIGT. Königsberg, 1836-42, in-4°. — (c. pp. 354-390.)

COGGHESHALE (RADULPHUS), — v. RADULPHUS.

COMNENA (ANNA), *Alexias*. Paris, 1651, in-f. — (c. pp. 54, 130, 135, 137-8, 141, 143-6, 174, 194, 196-7, 200.)

Conquista de Ultramar (La), dans la *Biblioteca de los autores españoles*, t. XLIV. — (c. pp. 146-7, 175-6, 182, 186, 192, 280, 281.)

CONRADUS EBERBACENSIS, *Exordium magnum ordinis Cisterciensis*, dans TISSIER, *Bibliotheca Patrum Cisterciensium*, I, pp. 1-9. — (c. pp. 226, 230.)

CONRADUS A LICHTENAU, — v. BURCHARDUS.

CONSTANTINUS PORPHYROGENETES, *De administrando imperio*, éd. J. Bekker. Bonnæ, 1840, in-8°. — (c. p. 66.)

Continuatio, — v. SIGEBERTUS GEMBLACENSIS.

CORNER (HERMANNUS), *Chronica novella*, dans ECCARD, *Corpus historicorum medii ævi*, II, pp. 431-1344. — (c. pp. 131, 163, 223, 283, 298.)

Corpus chronicorum Flandriæ, éd. J. J. DE SMET. Bruxelles, 1837-56, 3 vol. in-4°. — (c. pp. 166, 280.)

Corpus historicorum medii ævi, éd. ECCARD. Francofurti, 1743, 2 v. in-f. — (c. passim.)

CRONHOLM (Abr.), *Wäringarna* (Les Værings). Lund, 1832, in-8°. — (c. pp. 141, 143, 200, 306, 419.)

Crónica da fundação do mosteiro de S. Vicenze, dans les *Monum. Portugalliæ historica*, I. — (c. p. 223.)

— *de S. Cruz de Coimbra*, dans les *Monum. Portugalliæ historica*, I. — (c. p. 223.)

Cronycke (Die alder excellentste van Vlaenderen). T'Antwerpen, 1497, in-f. — (c. p. 195.)

CÆSARIUS HEISTERBACENSIS, *Dialogus miraculorum*, éd. Strange. Coloniæ, 1850-7, 3 v. in-8°. — (c. p. 326.)

— *Vita S. Engelberti*, dans BÖHMER, *Fontes rerum germanicarum*, II, pp. 294-329. — (c. p. 332.)

COELESTINUS III, — v. *Epistolæ*.

D

DAHL (J. C.), *Denkmale einer Holzbaukunst in Norwegen*. Dresden, 1837, in-f. — (c. p. 437.)

DALIN (Ol. von), *Svea Rikes Historia* (Histoire de Suède). Stockholm, 1746-62. 3 v. in-4°. — (c. p. 2.)

DANDULUS (Andræas), *Chronicon Venetum*, dans MURATORI, XII, 13-416. — (c. pp. 191, 260.)

DEPPING (G. B.), *Histoire des expéditions maritimes des Normands*. Paris, 1826, 2 v. in-8°. — (c. pp. 66, 254.)

DETMAR, *Lübeckische Chronik*, édit. Grautoff. Hamburg, 1829, 2 v. in-8°. — (c. pp. 281, 358.)

DGHA (GRÉGOIRE), *Poëme sur Jérusalem* (en arménien), dans les *Historiens arméniens des croisades*. — (c. p. 275.)

DIODORUS SICULUS, *Bibliotheca historica*, éd. L. Dindorfius. Paris, 1842-4, 2 v. in-8°. — (c. p. 182.)

DIONYSIUS CATO, *Disticha de moribus*, éd. O. Arntzenus, Traj. ad Rhen., 1735, in-8°. — (c. p. 432.)

Diplomatarium Arna Magnæanum, éd. Thorkelin. Hauniæ, 1786, 2 vol. in-4°. — (c. p. 57, 317, 333.)

— *Islandicum*. Kjöb., 1857-9, in-8°. — (c. pp. 47, 313.)

— *Norvegicum*. Christiania, 1847-67, 12 v. in-8°. — (c. pp. 11, 315-6, 342, 344-6, 351, 356, 358, 360-1, 365-8, 379-81, 383, 397-401, 403-7.)

— *Suecanum*, éd. Liljegren et Hildebrand. Stockholm, 1837-67, 6 v. in-4°. — (c. pp. 11, 274, 300, 304-5, 313-6, 332, 344, 354, 356, 358-62, 367-72, 376, 387-92, 395-7, 399-404, 440.)

DOZY, *Recherches sur l'histoire et la littérature de l'Espagne*. Leyde, 1860, 2 v. in-8°. — (c. pp. 71, 74, 76-7, 139, 236, 238, 251.)

Drápa. — V. EINARR SKULASON, HALLDORR, HALFFRÖDR, MARKÚS.

DU CANGE, *Glossarium mediæ et infimæ latinitatis*. Paris, 1840-50, 7 v. in-4°. — (c. pp. 32, 46, 52, 55, 58, 73.)

— *Notes à Villehardouin*, à la suite de VILLEHARDOUIN, éd. de Paris, 1657, in-f. — (c. pp. 53-4, 61.)

DUCHESNE, *Histoire des comtes de Bourgogne*. Paris, 1619-28, in-4°. — (c. p. 148), — v. *Scriptores*.

DÜDIK, *Deutsche Ordens Münzsammlung*. Wien, 1858, in-4°. — (c. pp. 60, 283.)

DUDO S. QUINTINI, *Historia Normannorum*, dans DUCHESNE, *Historiæ Normannorum scriptores*, pp. 49-159. — (c. p. 17.)

DULAURIER, *Recherches sur la chronologie arménienne*. Paris, 1859, in-4°. — (c. p. 281.)

DYBECK (R.), *Svenska Runurkunder* (Documents runiques suédois). Stockholm, 1851, in-8°. — (c. pp. 100, 193, 231, 301-2, 319.)

E

ECCARD, *Historia genealogica principum Saxoniæ superioris*, Lipsiæ, 1722, in-f. — (c. p. 308.) — V. *Corpus*.

EGINHARDUS, *Vita Karoli magni*, extr. dans D. BOUQUET, V. pp. 88-103. — (c. p. 385.)

EINARR SKULASON, *Olafsdrápa* (Chant d'Olaf I), dans les *Fornmanna Sögur*, V. — (c. p. 249.) — *Kvædi um Sigurd Jórsalafari* (Chant sur Sigurd de Jérusalem), dans les *Fornmanna Sögur*, VII. — (c. p. 192.)

ERKEHARDUS URAUGIENSIS, *Libellus de expugnatione Hierosolymitana*, dans PERTZ, VI, pp. 265-7. — (c. pp. 130, 137-8, 141-6).

ELLIS, *English metrical romances*, London, 1848, in-12. — (c. pp. 197, 200).

EMO WERUMENSIS, *Chronicon*, dans MATTHÆUS, *Veteris ævi analecta*, II. — (c. pp. 81, 320, 334, 336).

Encomium Emmæ, Anglorum reginæ, dans LANGEBECK, I. — (c. p. 53.)

ENGELSTOFT (L.), *Philipp-August og Ingeborg*, Kjöb., 1801, in-12. — (c. p. 285.)

EPHRÆMIUS, *Imperatorum recensus*, éd. E. Bekker, Bonnæ, 1840, in-8°. — (c. p. 145.)

Epistola CLEMENTIS III, dans REUSSNER, *Epistolæ Turcicæ*, p. 16. — (c. p. 277.)

— GUILLELMI, *Hollandiæ comitis, ad Honorium* III, dans RAYNALDI, *Annales*, ad ann. 1217. — (c. pp. 324, 327, 329.)

— EVRARDI des Barres, dans D. BOUQUET, XV, p. 540. — (c. p. 249.)

— HEINRICI VI *imperatoris*, dans les *Annales Colonienses*, PERTZ, XV, pp. 803, 850. — (c. p. 295.)

— HUGONIS *comitis Sancti-Pauli*, dans

MARTÈNE, *Thesaurus Anecdotorum,* I, p. 784. — (c. p. 306.)
— OLIVIERI SCHOLASTICI *ad abbates Frisiæ,* dans MATTHÆUS, *Veteris ævi Analecta,* pp. 11, 65. — (c. p. 334).
— OSBERNI de BALDR., dans les *Monum. Portugalliæ historica,* I, p. 393 et suiv. — (c. p. 224.)
— RICARDI I, dans D. BOUQUET, XVII, p. 529. — (c. p. 286.)
Epistolæ ALEXANDRI III *papæ,* dans D. BOUQUET, XV. — (c. p. 266.)
— SANCTI BERNARDI, dans D. BOUQUET, XV. — (c. p. 224.)
— COELESTINI III *papæ,* citées dans JAFFE, *Regesta pontificum,* ad. ann. 1193-6. — (c. p. 295.)
— EUGENII III *papæ,* dans DUCHESNE, *Scriptores hist. Francorum,* IV. — (c. p. 249.)
— GREGORII VIII *papæ,* citées dans JAFFE, *Regesta pontificum,* ad. ann. 1187. — (c. pp. 267-8.)
— INNOCENTII III *papæ*. éd. Migne; Paris. 4 v. gr. in-8°. — (c. pp. 294, 306.)
— SANUTI (Marini), éd. Kunstmann, München, 1855, in-4°. — (c. p. 394.)
— WIBALDI, éd. Jaffe, Berolini, 1865, in-8°. — (c. pp. 223, 225.)
— WORMII (Olai). Havniæ, 1751, in-8°. — (c. p. 152).
Eracles (Roman d'), éd. Massmann. Leipzig, 1842, in-8°. — (c. p. 188).
Erfidrápa Olafs. — V. HALLFRÖDR.
ERICI (Johannes), *De veterum septemtrionalium peregrinationibus.* Lipsiæ, 1745, in-12. — (c. pp. 22, 413.)
Estoire de Eracles, dans les *Historiens occidentaux des Croisades,* I et II. — (c. pp. 146-8, 175-6, 186, 192, 195, 214, 280, 283, 298, 306-7, 312, 337.)
EUGENIUS III. — V. *Epistolæ.*
EVRARDUS des BARRES. — V. *Epistola.*
Exordium magnum ordinis Cisterciensis. — V. CONRADUS EBERBACENSIS.

F

FABRICIUS (A.), *Om de danske Studeringer i Paris.* (Les étudiants danois à Paris), dans les *Ny kirkehistoriske Samlinger,* I. — (c. p. 414.)
FABRICIUS (G.), *Origines Saxoniœ.* Jenæ, 1597, in-f. — (c. p. 221.)
Fagrskinna, éd. Munch et Unger. Christiania, 1847, in-8°. — (c. pp. 5, 59, 98-9, 108, 167, 192, 196, 203, 311).
Farmannalög. — V. *Lög.*
FARRER (James), *Maes-Howe.* Édimbourg, 1862, in-4°. — (c. p. 237.)
Félagsrít. — V. *Rít.*
Flateyarbók (Le livre de Flatey). Christiania, 1865-8, 3 v. in-8°. — (c. pp. 5, 22, 54, 98-9, 112, 117-8, 120, 122, 240-1, 246, 250, 252-8, 260-1, 444).
FLORENTIUS WIGORNENSIS, *Chronicon,* éd. English histor. Society. Londini, 1848-9, 2 v. in-8°. — (c. pp. 54, 125.)
Flores ok Blanzeflor, dans les *Svenska Fornskrift Sällskäpets Samlingar.* Stockholm, 1844, in-8°.— (c. pp. 434, 447). — V. (*Saga Floréss*).
FLORES, *España sagrada.* Madrid, 1747-1856, 48 v. in-4°. — (c. pp. 221, 237-8.)
Folkviser. — V. *Viser.*
FONCEMAGNE (cité par erreur pour LEBEUF), *Examen critique de trois histoires fabuleuses sur Charlemagne,* dans les *Mémoires de l'Académie des inscriptions et belles-lettres,* XVI. — (c. p. 120.)
Fontes rerum Germanicarum, éd. Böhmer. Stuttgard, 1843-53, 3 v. in-8°. — (c. p. 332.)
Fornkvædi. — V. *Kvædi.*
Fornsögur. — V. *Sögur.*
FORSSENIUS, *de Schedvia,* Upsaliæ, 1736, in-4°. — (c. p. 234.)
Frostathinglög. — V. *Lög.*
FULCHERIUS CARNOTENSIS, dans les *Historiens des croisades,* III. — (c. pp.

22, 87, 89, 137, 144-6, 166, 178, 186).

FULCO, *Historia gestorum et viæ Hierosolymitanæ*, dans DUCHESNE, *Hist. Francorum scriptores*, IV. — (c. p. 143). — V. GILO.

FULLER, *History of the holy ware.* Cambridge, 1639, in-f°. — (c. p. 221.)

FREYDANK, *Beschiedenheit*, éd. Grimm. Göttingen, 1834, in-8°. — (c. p. 87.)

Fridhrik af Normandie, dans les *Svenska Fornskrift Sallskäpets Samlingar*. Stockholm, 1853, in-8°. — (c. p. 434.)

G

GALBERTUS BRUGENSIS, *Vita Karoli boni*, dans PERTZ, XII. — (c. p. 184.)

GALE. — V. *Scriptores*.

GALTHERUS TERVANNENSIS, *Vita Karoli boni*, dans PERTZ, XII. — (c. p. 184).

GALTHERUS DE HEMMINGFORD, *Chronicon de gestis regum Angliæ*, ed. Engl. Histor. Society. Londini, 1848-9, 2 vol. in-8. — (c. pp. 224, 281).

GAUBERT. — V. GALBERTUS.

GAUTHIER. — V. GALTHERUS.

GAYANGOS (D. P. de). — V. *Biblioteca*.

GAZZERA (C.), *Narrazione delle aventure di una flotta di crociati*, dans les *Mémoires de l'Académie de Turin*. 1840, in-4. — (c. p. 277.)

GEBHARDI, *Historie af Danmark*. Kjöb., 3 vol. in-4 — (c. p. 332).

Gedichte (Deutsche) d. XII. Jahrhundert, ed. Massmann. Leipzig, 1837-8, 2 v. in-8. — (c. p. 199.)

GEFFROY (A.). *Notices et extraits des manuscrits des bibliothèques du Nord*. Paris, 1856, in-8.—(c. pp. 79, 433-4, 448.)

— *Les Etudiants suédois à Paris au XIVe siècle*, dans la *Revue des Sociétés savantes*, t. V. — (c. p. 414.)

Genealogia comitum Orcadensium, dans MUNCH, *Symbolæ ad historiam Norvegiæ*. Christianiæ, 1850, in-4. — (c. p. 261.)

GÉRAUD, *Ingeburge de Danemark*, dans la *Bibliothèque de l'École des Chartes*, II, I. — (c. p. 285.)

GERVASIUS DOROBORNENSIS, *Chronica*, dans TWYSDEN, *Historiæ anglicanæ scriptores*, 1334-1628. — (c. p. 224.)

Gesta Dei per Francos, ed. Bongars (J.). Hanoviæ, 1611, 2 vol. in-fol. — (c. passim.)

— *Francorum expugnantium Hierusalem*. — V. BARTOLFUS.

— *Innocentii papæ III*, dans les *Epistolæ ejusd.*, ed. Migne. I. — (c. p. 309.)

— *Ludovici VII, filii Ludovici grossi*, dans DUCHESNE, *Hist. Francorum scriptores*, IV, 390-411. — (c. p. 223.)

GIBBON, *History of the decline and the fall of the roman empire*. London, 1830, in-8°. — (c. p. 199.)

GILO PARISIENSIS, *Carmen de via Hierosolymitana*, dans MARTÈNE, *Thesaurus anecdotorum*, II, 210-366. — (c. pp. 129, 136, 138, 144.)

GIRALDUS CAMBRENSIS, *Itinerarium Cambriæ*, dans CAMDEN, *Anglica*, pp. 818-878. — (c. p. 272.)

GISLASON (Conrad), *Um Frum-parta islenzkar Tungu i Fornöld* (Des premiers caractères de la langue islandaise ancienne). Kaupmannahöfn, 1846, in-8. — (c. p. 433.)

GOBELIN PERSONA. — V. PERSONA.

GOSUINUS (SUERIUS), *Carmen de expugnatione Salaciæ*, dans les *Monumenta Portugalliæ historica*, 1. — (c. pp. 322, 324-7.)

Grágás (Lois islandaises). Havniæ, 1829, in-4. — (c. p. 6.)

GRAMM. — V. MEURSIUS.

GREGORIUS VIII. — V. *Epistolæ*.

GRÉGOIRE DGHA. — V. DGHA.

GRÉGOIRE LE PRÊTRE, *Continuation de* MATTHIEU d'Edesse, extr. dans les *Hist. arméniens des Croisades*. — (c. p. 260.)

GRETSER (Jacobus). *De Sancta Cruce.* Ingolstadt, 1608, in-4. — (c. pp. 93, 188.)

— *De sacris peregrinationibus*. Ingolstadt, 1606, in-4. — (c. p. 93.)

Grimnismál (Chant de Grimnir), dans

l'*Edda Sæmundar*, IV, ed. Arnmagn. I, 35-36. — (c. p. 16.)
Gripla (Anecdota), extr. dans les *Mindesmerker (Grönlandske)*, pp. 222-5. — (c. p. 432.)
GRUNDTVIG (S.). — V. *Viser, Kvædi*.
GUEST (Lady). — V. *Mabinogion*.
GUIART (G.), *Royaux Lignages*. Paris, 1828, 2 vol. in-8. — (c. p. 279.)
GUIBERTUS DE NOVIGENTO, *Historia Hierosolymitana*, dans BONGARS, I, 467-560. — (c. pp. 62, 129, 136-8, 142-6.)
GUICHENON (Samuel). — V. ALLUT.
GUIDO DE BAZOCHIIS, *Chronicon*, extr. dans ALBERICI *Chronicon*. — (c. pp. 144, 146, 221, 273.)
GUIDONIS (BERNARDUS). — V. BERNARDUS.
GUILLAUME DE NANGIS, *Chronique*, éd. Géraud. Paris, 1843, 2 vol. in-8. — (c. pp. 222, 281, 284.)
GUILLELMUS BRITO, *Philippidos libri XII*, extr. dans D. BOUQUET, XVII. — (c. p. 54.)
GUILLELMUS GEMETICENSIS, *De gestis ducum Normannorum*, dans DUCHESNE, *Hist. Normannorum scriptores*, pp. 215-317. — (c. p. 17.)

GUILLELMUS, HOLLANDIÆ comes. — V. *Epistola*.
GUILLELMUS MALMESBERIENSIS, *De rebus gestis regum Anglorum*, ed. Engl. Histor. Society. Londini, 1840, 2 vol. in-8. — (c. pp. 54, 60, 69, 89, 125, 129, 135, 144, 152, 163, 179, 182, 186, 192-3, 202-3.)
GUILLELMUS NEUBRIGENSIS, *Rerum Anglicarum libri V*, ed. English. Histor. Society. Londini, 1856, 2 vol. in-8. — (c. pp. 222, 224, 260.)
GUILLELMUS TYRIUS, *Historia belli sacri*, dans les *Historiens occid. d. s Croisades*, I. — (c. pp. 89, 134-8, 143-52, 164, 186, 192, 194, 198, 214, 223, 258-9, 264.)
Gulathingslög. — V. *Lög*.
GUNNLAUGR LEIFSSON. — V. *Saga Olafs*.
Gylfaginning (La Fascination de Gylfi), trad. par BERGMANN. Strasbourg, 1861, in-8°. — (c. pp. 14, 16.)
GÖRANSSON, *Bautil* (Recueil d'inscriptions runiques). Stockholm, 1750, 2 vol. in-fol. — (c. p. 58.)
GÖRRE. — V. *Lohengrin*.

H

HAKLUYT (R.), *The principal navigations of the english nation*. London, 1598-9, 3 vol. in-fol. — (c. p. 166.)
HÁKON HÁKONARSON, *Forordninger* (Édits), dans PAUS, *Samling af gamle Norske Love*, II. Kjöb., 1752, in-4. — (c. p. 379.)
Hákonarbók (Liber Haconis), ed. Arnmagn. Hauniæ, 1847, in-4. — (c. p. 6.)
HALLDORR SKVALDRI, *Utfarardrápa Sigurdar Jórsalafara* (Chant de voyage sur Sigurd de Jérusalem), dans la *Saga (Sigurdar)*. — (c. pp. 181-2.)
HALFRÖDR VANDRÆDASKALDR, *Erfidrápa Olafs Tryggvasónar* (Chant en l'honneur d'Olaf Ier), dans la *Saga (Olafs)*. — (c. pp. 107, 111.)
HAMCONIUS, *Frisia*, Franekaræ, 1620, in-4. — (c. p. 139.)
Handlingar rörande Svenska histo-

riam (Mémoires relatifs à l'histoire suédoise). Stockholm, 1816-62, 29 vol. in-8. — (c. p. 382.)
HANSEN (Erik), *Fontinalia sacra*. Kjöb., 1652, in-12. — (c. p. 234.)
Háttalykill. — V. RÖGNVALDR JARL.
HAUKR ERLENDSSON, *Hauksbók* (Le livre d'Haukr), extr. dans les *Antiquités russes*, II. — (c. pp. 7, 21, 86, 98, 442.)
HAYTON DE GÔRIGOS, *Chronique*, extr. dans les *Historiens arméniens des croisades*. — (c. p. 192.)
HEINECCIUS. — V. *Scriptores*.
HEINRICUS VI. — V. *Epistola*.
HELMOLDUS BOSOVIENSIS, *Chronicon Slavorum*, ed. Bangert. Lubecæ, 1659, in-4. — (c. pp. 163, 223, 225, 305.)
HELVEG, *Danske Kirkes Historie til Reformationen* (Histoire de l'Église danoise avant la Réforme). Kjöb.,

1864, 3 vol. in-8. — (c. pp. 14, 230.)

HENRICUS HUNTINGDONENSIS, *Historia Anglorum*, dans SAVILE, *Scriptores rerum Anglicarum*, p. 169-228. — (c. pp. 130, 144, 224.)

ENRIQUEZ, *Fasciculus sanctorum Ordinis Cisterciensis*. Bruxellis, 1623, in-fol. — (c. p. 230.)

HERCOLANO, *Historia de Portugal*. Lisboa, 1863, 4 vol. in-8. — (c. pp. 180, 221, 255, 278, 297, 313, 325-6, 430.)

HERMANNUS CORNER. — V. CORNER.

HEROLD (J.), *Continuatio historiæ Belli sacri*. Basileæ, 1549, in-fol. — (c. pp. 134, 274.) — V. GUILLELMUS TYRIUS.

HERTZHOLM. — V. BIRCHEROD.

Hirdskrá (Code de la Cour), dans les *Love* (*Norges gamle*), II. — (c. pp. 6, 418.)

Histoire littéraire de la France. Paris, 1733-1856, 23 vol. in-4. — (c. pp. 61, 89, 95, 147, 201, 414.)

Historia brevis amissionis et recuperationis Terræ Sanctæ, dans Eccard, II, 1349-54. — (c. p. 272, 281).

— *Compostellana*, dans FLOREZ, *España sagrada*, XIX. (c. pp. 237-8).

— *diplomatica Frederici II*, ed. HUILLIARD-BRÉHOLLES. Paris, 1853-61, in-4. — (c. pp. 70, 85, 299, 336-7, 345.)

Historiens des Croisades (*Recueil des*), — *Occidentaux*, vol. I-III. — *Grecs*, — *Arméniens* — *Arabes*, publiés par l'Académie des inscriptions et belles-lettres. Paris, 6 vol. in-fol. — (c. passim.)

HOLMBOE, *De nummis aliquot in Norvegia repertis*. Christianiæ, 1854, in-8. — (c. p. 438.)

Homiliebog (*Gammel Norsk*) (Livre d'homélies en norvégien ancien). Christiania, 1862, in-8. — (c. pp. 188, 446.)

HONORIUS AUGUSTODUNENSIS, *Elucidarium*. Paris, 1560, in-8. — (c. p. 432.)

HUGO S. PAULI. — V. *Epistola*.

HUGO, *Sacræ antiq. monumenta*. — V. *Monumenta*.

Hugsvinnsmál (Préceptes du Sage). Videy, 1831, in-8. — (c. p. 432.) — V. DIONYSIUS CAIO.

HUILLIARD-BRÉHOLLES. — V. *Historia dipl. Frederici II*.

Hungrvakra (La faim). Hafniæ, 1778, in-8. — (c. p. 85.)

Huon de Bordeaux (*Roman de*), éd. Guessard. Paris, 1860, in-12. — (c.p.147.)

HURTER, *Geschichte des Pabsts Innocenz III*. Hamburg, 1841, 3 vol. in-8. — (c. pp. 296, 309.)

HVIDTFELD (A.), *Danmarckis Rigis Krönnicke* (Chroniques du royaume de Danemark). Kjöb., 1603-4, 10 vol. in-4. — (c. pp. 12, 58, 151, 219, 332.)

HYLTEN-CAVALLIUS, *Värend och Virdarne*. Stockholm, 1863, 2 vol. in-8. — (c. p. 18.)

I J

JACOBUS VITRIACENSIS, *Historia orientalis*, dans BONGARS, I. — (c. pp. 60, 137, 281, 298.)

IBN ADHARI, *Histoire de l'Espagne et du Maroc* (en arabe), éd. Dozy. Leyden, 1848-65, 2 v. in-8°. — (c. p. 71.)

IBN EL-ATHIR, *Chronique*, éd. Tornberg. Lund, 1855, in-8°, et extr. dans les *Historiens arabes des croisades*. — (c. pp. 138, 178, 186, 190-4, 214, 256, 258, 260, 284.)

IBN KHALDOUN, *De expeditionibus Francorum*, éd. Tornberg. Upsaliæ, 1840, in-8°; extr. dans les *Historiens arabes des Croisades*. — (c. pp. 178, 187, 190-4, 256, 260.)

IBN EL-WARDHI, *Margarita mirabilium*, éd. Tornberg. Upsaliæ, 1835, 2 v. in-8°. — (c. p. 76.)

JERÓSCHIN (NICOLAS VON), — V. NICOLAS.

IHRE (J.), *Glossarium Sueo-gothicum*. Upsal, 1749, in-f. — (c. p. 78.)

Indiculum fundationis monasterii S. Vincentii, dans les *Monumenta Portugalliæ historica*, I. — (c. p. 223.)

INNOCENTIUS III. — V. *Epistolæ*.

JOHANNES HAGULSTADENSIS, *Historia de*

regibus Anglorum, dans Twysden, pp. 257-282. — (c. pp. 225, 255.)
Johannæus (F.), *Historia ecclesiastica Islandiæ*. Havniæ, 1772-8, 4 v. in-8°. — (c. pp. 81, 299, 402.)
Joinville (J. de), *Histoire de saint Louis*, éd. F. Michel. Paris, 1859, in-12. — (c. p. 352-3.)
Jomard, *Monuments de la Géographie*. Paris, in-f. — (c. p. 81.)
Jonas (Arngrimus), *Crymogæa Islandica*. Hamburgi, 1610, in-4°. — (c. p. 12.)
— *Specimen Islandiæ historicum*. Amstelodami, 1643, in-4°. — (c. p. 12.)

Jónsbók (*Codex juris Islandici*). Hólar, 1578, in-8°. — (c. p. 6.)
Jónsson (Arngrim), — v. Jonas.
Jónsson (Finnr), — v. Johannæus.
Jornandès, *De Getarum origine*. Stuttgard, 1861, in-8°. — (c. p. 67.)
Islendingabók. — v. Ari.
Itinerarium Ricardi I, éd. Stubbs. Londini, 1864, in-8°. — (c. pp. 270, 279, 281-2, 284-6.)
Jus ecclesiasticum. — V. Rèttr.
Justi, *Vorzeit*. Marburg, 1820-39, 20 v. in-12. — (c. p. 283.)
Jaffe (Ph.), *Regesta pontificum Romanorum*. Berolini, 1855, in-4°. — (c. pp. 128, 267, 295.)

K

Kairouani (El-), *Histoire de l'Afrique*. Paris, 1845, in-8°. — (c. p. 256.)
Kamintus Arusiensis, *Regimen contra pestilentiam*, s. l. n. a. In-4°. — (c. p. 441.)
Kantzow, *Chronik von Pommern*. Anclam, 1841, in-8°. — (c. p. 318.)
Karlén (E.), *Gotlandska Minnen* (Souvenirs gotlandais). Stockholm, 1865, in-12. — (c. p. 163.)
Kervyn de Lettenhove (Baron), *Histoire de Flandres*. Bruges, 1853-55, 5 vol. in-8°. — (c. p. 264.)
Kluwer (J.), *Norske Mindesmerker* (Monuments norvégiens). Christiania, 1823, in-4°. — (c. p. 342.)
Knyghton, *Chronica de eventibus Angliæ*, dans Twysden, pp. 2311-2743. — (c. pp. 89, 196, 201.)
Kolderup-Rosenvinge, *Bemerkninger om Panteret* (Remarques sur le droit hypothécaire). Kjöb., s. a., in-8°. — (c. p. 300.) V. *Lager*.
Konung Alexander. — V. Alexander.
Konungatál (*Noregs*) (Généalogie des rois de Norvége), dans les *Fornmanna Sögur*, X. — (c. pp. 5, 98, 192, 194, 203-4.)
Konungs Skuggsjá (Miroir du roi), éd. Einarsen. Soræ, 1768, in-4°. — éd. Munch, Christiania, 1848, in-8°. —

(c. pp. 7, 54, 61, 90, 329, 413, 440.)
Kraft, *Statistik af Norge*. Christiania, 1820-32, 5 vol. in-8°. — (c. p. 167.)
Krantzius (Albertus), *Dania*. Francofurti, 1583, in-f. — (c. pp. 163-4.)
— *Saxonia*. Francof., 1584, in-f. — (c. pp. 84, 297.)
— *Wandalia*. Francofurti, 1584, in-f. — (c. p. 297.)
Kreuzfahrt (*Landgraf Ludwigs* II). Leipzig, 1854, in-8°. — (c. pp. 274, 281, 285-6.)
Kristinrèttr, — v. Rèttr.
Krug, *Forschungen in d. ältere Geschichte Russlands*. Petersburg, 1848, 2 vol. in-8°. — (c. pp. 30, 66.)
Kruse, *Chronicon Varego-Russorum*. Hamburgi, 1850, in-4°. — (c. pp. 30, 66, 71, 75.)
Krönika (*Norrlands*) (Chroniques du Nord). Wisingsborg, 1670, in-f. — (c. p. 435.)
Krönika. — V. *Rijmkrönika*.
Kunik, *Die Berufung der Schwedische Rodsen*. Petersburg, 1844, in-8°. — (c. pp. 30, 66.)
Kununga og Höfdingha Styrilse. — v. Styrilse.
Kveder (*Færöiske*) (Anciens chants færeyiens), éd. Lyngby. Randers, 1822, in-8°; — éd. Hammershaïmb.

Kjöb., 1851-3, in-8°. — (c. p. 7.)
Kvædi (Izlensk Forn-) (Anciens chants islandais), éd. GRUNDTVIG et SIGURDSSON. Kjöb., 1854, in-12.— (c. p.7.)
— *(Fjögur gömul)* (Quatre anciens chants), éd. Egilsson (Sv.). Videy, 1844, in-8°. — (c. p. 446.)

Kæmpadater (Nordiska) (Hauts faits des héros du Nord). Stockholm,1737, in-f. — (c. p. 435.)
Kæmpevisebog. — V. *Viser*, éd. SYV.
KÖNIGSFELDT, *Genealogiske Tabeller* (Tableaux généalogiques). Kjöb.,1865, in-4°. — (c. p. 317.)

L

LABBE (P.) — V. *Bibliotheca.*
Lag (Guta), éd. Säve. Stockholm,1859, in-8°. — (c. pp. 9, 51.)
— *(Westgötha)*, éd. Schlyter. Lund, in-4°. — (c. pp. 50-1.)
— *(Ostgötha)*, éd. Schlyter. Lund, in-4°. — (c. p. 68.)
Lagar (Samling af Sveriges gamla) (Corpus juris Suecogothici antiquissimi), éd. SCHLYTER. Lund, 1827-65, 11 v. in-4°. — (c. p. 8.)
LAGERBRING (Sv.), *Svea Rikes Historia* (Histoire de Suède).Stockholm, 1769-83, 4 v. in-4°. — (c. pp. 232, 234, 300, 305, 367, 369-70, 440-1.)
LALANNE (L.). *Les Pèlerinages en Terre-Sainte avant les croisades.* Paris, 1850, in-8°. — (c. pp. 58, 63, 93-4, 125, 128.)
— *Dissertation sur le feu grégeois.* Paris, 1845, in-4°. — (c. p. 200.)
LAMBERTUS PARVUS, *Chronicon*, dans PERTZ, XVI. — (c. p. 281.)
Landslög. — v. *Lög.*
LANDSTAD. — v. *Viser.*
LANGE, *Norske Klosters-historie* (Histoire des cloîtres norvégiens). Christiania, 1856, 2 v. in-8°. — (c. pp. 287, 379, 436.)
— *Historie af Gizki*, dans le *Tidskrift (Norsk) f. Videnskab og Literatur*, 1850. — (c. p. 167.)
LANGEBECK. — V. *Scriptores.*
LAPPENBERG, *Bremische Geschichtsquellen.* Bremen, 1841, in-8°. — (c. p. 296.)
LEBEUF, *Histoire du diocèse de Paris*, éd. Cocheris. Paris, 1865, in-8°. — (c. p. 92.) — V. FONCEMAGNE.
Legendarium (Svenski). Stockholm, 1847, in-8°. — (c. pp. 337, 369, 446.)
LEHRBERG, *Untersuchungen z. ältere Geschichte Russlands.* Petersburg, 1816, in-4°. — (c. p. 66.)
LEIBNITZ. — V. *Scriptores.*
Leidarvisan (Chant indicateur), dans les *Kvædi (Fjórar gömul)*, pp. 57-70. — (c. p. 446.)
LEHRBEKE (HERMANNUS DE), *Chronicon comitum Schauenburgensium*, dans MEIBOMIUS, *Scriptores*, I. — (c. p. 286).
Libellus de reliquiis et indulgentiis S. Maximini Trevirensis, 1500, s. l., cité dans LANGEBECK, IV, p. 133. — (c. p. 226.)
Liber daticus Lundensis, dans LANGEBECK, IV. — (c. pp. 300-2.)
LILJEGREN, *Runurkunder* (Documents runiques). Stockholm, 1833, in-8°.— (c. pp. 274, 301.)
LINDENBROG. — V. *Scriptores.*
Ljódabok (Strengleikar) (Livre des Lieds). Christiania, 1850, in-4°. — (c. p. 434.)
LISARDUS TURONENSIS, *Secunda pars historiæ Hierosolymitanæ*, dans les *Historiens des Croisades*, III. — (c. pp. 137, 186, 192, 194.)
LJUNSTRÖM, *Redvågs Hårad* (Le canton de Redväg). Falköping, 1861, in-4°. — (c. p. 301.)
Lohengrin, éd. Görre. Heidelberg, 1813, in-8°. — (c. p. 445.)
LOPEZ (DA SYLVA-),— v. ANONYMUS, *Narratio.*
Love (Danske), éd. KOLDERUP-ROSENVINGE. Kjöb., 1846, 5 v. in-4°. — (c. p. 8.)
— *(Norges gamle)* (Lois anciennes de

Norvège), éd. Keyser et Munch. Christiania, 1846, 3 v. in-4°.— (c. pp. 177, 249, 386, 418.)V. T.
— (*Samling af gamle Norske*) (Recueil des anciennes lois norvégiennes), éd. Paus. Kjöb., 1752; 2 v. in-4°. — (c. p. 379.)
Lucanus (M. A.), *Pharsalia*, éd. Ang. Illycinus. Vindobonæ, 1811, in-f. — (c. p. 348.)
Ludewig, *Reliquiæ manuscriptorum*. Lipsiæ, 1720-41, 12 v. in-8°. — (c. p. 130.)
Lög (*Bœjar-*) (Lois municipales, dans les *Love* (*Norges g.*), I. — (c. p. 6.)
— (*Farmanna-*) (Lois nautiques), dans les *Love* (*Norges g.*), II. — (c. pp. 6, 50.)
— (*Frostathing-*) (Lois de Frosta), dans les *Love* (*Norges g.*), I. — (c. pp. 6, 26, 177, 249, 386.)
— (*Gulathing-*) (Lois de Gula), dans les *Love* (*Norges g.*), I. — (c. pp. 6, 25, 50, 177.)
— (*Lands-*) (Droit commun), dans les *Love* (*Norges g.*), II. — (c. p. 6.)
Loescher, *De ordine Elephantino*. Wittemberg, 1697, in-4°. — (c. p. 128.)

M

Mabinogion (*The*), éd. Lady Ch. Guest. London, 1838-42, 4 v. in-8°.
Magnus (Johannes), *Gothorum Sueonumque historia*, Romæ, 1555, in-f. — (c. pp. 12, 232-3, 273.)
— *Historia metropolis Upsaliensis*. Romæ, 1560, in-f. — (c. pp. 232-3.)
Magnus (Olaüs), *Historia de gentibus septentrionalibus*. Romæ, 1555, in-f. — (c. pp. 12, 56, 359.)
Magnússon (Finnr), *Veterum Borealium mythologiæ Lexicon*. Havniæ, 1828, in-4°. — (c. pp. 16, 308.)
— *Catalogus codicum manuscriptorum Islandicorum bibliothecæ Bodleianæ*. Oxoniæ, 1832, in-4°. — (c. pp. 79, 120.)
Maimbourg, *Histoire des Croisades*. Paris, 1682, 4 vol. in-12. — (c. p. 315.)
Makkarî (al-), *History of the Mohammedan dynasties in Spain*, éd. P. de Gayangos. London, 1840-3. 2 v. in-4°. — (c. pp. 76-7, 236.)
Mamachi, *Origines et antiquitates christianæ*. Romæ, 1749-55, 4 vol. in-4°. — (c. p. 93.)
Mandelgren, *Monuments scandinaves du moyen âge*. Paris, 1862, in-fol.— — (c. p. 438.)
Manrique, *Annales cistercienses*. Lugduni, 1642-9, in-f. — (c. pp. 221, 226, 249.)
Mansi.— V. Baronius.
Marculphus, *Veteres formulæ*. Paris, 1665, in-4°. — (c. p. 379.)
Margaretha, *Chronicon de sancta Brigitta*, éd. Benzelius. Upsaliæ, 1710, in-4°. — (c. p. 161.)
Markús Skeggjason, *Eiriksdrápa* (Chant d'Erik), dans la *Saga* (*Knytlinga*). — (c. pp. 153, 156, 159-60.)
Marryat (H.), *One year in Sweden*. London, 1863, 2 v. in-8°. — (c. pp. 437, 445.)
— *A residence in Jutland*. London, 1860, 2 v. in-8°. — (c. p. 437.)
Martène, *Thesaurus Anecdotorum*. Paris, 1717, 5 v. in-f. — (c. pp. 279, 281.)
— *Amplissima collectio*. Paris, 1724-33, 9 vol. in-f.— (c. pp. 224, 281, 283.)
Mas Latrie, *Histoire de Chypre*, Paris, 1852-61, 3 vol. in-4°. — (c. p. 337.)
Matthieu d'Édesse, *Chronique*, éd. Dulaurier. Paris, 1858, in-8°. — (c. pp. 146, 192.)
Matthæus Paris. — V. Paris.
Matthæus Westmonasteriensis, *Flores historiarum*. Francófurti, 1601, in-f. — (c. p. 54.)
Matthæus, *Veteris ævi analecta*. Hag. Comit., 1738, 5 v. in-4°. — (c. pp. 60, 81, 283-4, 320, 334, 336.)
Mauchet (Robertus), *Chronicon Altissiodorense*, éd. Camusat. Trecis,

1609, in-4°. — (c. pp. 69, 281, 284, 297-8, 306.)
MAURER, *Bekehrung des Norwegischen Stammes*. München, 1855, 2 v. in-8°. — (c. pp. 31, 94.)
MEHREN, *Islamitiske Folks geographiske Kundskaber* (Connaissances géographiques des Musulmans), dans les *Annaler f. nordisk Oldkyndighed*, 1857. — (c. pp. 17, 64.)
MEIBOMIUS. — V. *Scriptores*.
MELLE, *De Itineribus Lubecensium sacris*. Lubecæ, 1711, in-4°.— (c. pp. 58, 283, 381.)
Mémoires de l'Académie des Inscriptions et Belles-Lettres. Paris, 1717-1844, 51 v. in-4°. — (c. p. 120.)
— *de l'Académie de Turin*. Turin, 1830-58, 16 v. in-4°. — (c. p. 277.)
MENCKEN. — V. *Scriptores*.
MERIL (E. DU), *Poésies populaires latines du moyen âge*. — Paris, 1847, in-8°. — (c. p. 332.)
MESSENIUS, *Scondia illustrata*. Holmiæ, 1700, in-fol. — (c. p. 13.)
— *Historia Sanctorum Sueciæ* (contenue dans l'ouvrage précédent). — (c. p. 359.)
MEURSIUS (Joh.), *Opera omnia*, éd. GRAMMIUS. Florent., 1746, 12 v. in-f. — (c. p. 151.)
MEYER, *Annales rerum Flandricarum*. Antwerpiæ, 1561, in-f. — (c. p. 279.)
MICHAUD, *Histoire des Croisades*. Paris, 6 v. in-8°. — (c. p. 2, etc.)
MILLS, *The history of the Crusades*. London, 1822, 2 v. in-8°. — (c. p. 2.)
Minder (Oltids) fra Osten (Antiquités de l'Orient). Kjöb., 1856, in-8°.— (c. pp. 58, 66, 133.)
Mindesmerker (Grönlandske) (Monuments grönlandais), éd. RAFN. Kjöb., 3 v. in-8°. — (c. pp. 355, 398.)
— (*Norske*). — V. KLUWER.
Miroir royal.—V. *Konungs Skuggsjá*.
Missale votivale Suecicum. — (c. 1,500) s. l. n. a., in-f. — (c. p. 233.)
MONACIS (Laurentius de), *Chronicon Venetum*. Venet., 1758, in-4°. (c. p. 191.)
Monumenta Portugalliæ historica.
Ulixibonæ, 1856, in-f. — (c. pp. 221-4, 254-5, 324.)
— (*sacræ antiquitatis*); éd. Hugo. Stivagii, 1725-31. 2 v. in-f. — (c. pp. 260, 320.)
— *veteris ecclesiæ Suéogothicæ*, éd. Benzelius. Upsaliæ, 1708, in-4. — (c. pp. 56, 300, 356, 369-70.)
MONACHUS SANGALLENSIS, *De gestis Karoli Magni*, dans PERTZ, II. — (c. pp. 71, 385.)
MONACUS (HAYMARUS), *Tetrasticha de Acconensi obsidione*, à la suite de HEROLD (J.), *Continuatio belli sacri*. — (c. pp. 134, 274, 279, 281.)
MOOYER, *Einfälle der Normannen in der Pyrenaische Halbinsel*. Minden, 1844, in-8°. — (c. p. 180.)
— *Adolfs III von Holstein* (*Zur chronologie der Geschichte*), dans les *Nordalbingische Studien*, V. — (c. pp. 283, 286.)
MORTIER (P.), *Belgæ in bellis sacris*. Gandavi, 1826, in-4°. — (c. p. 279.)
MOUSKES (Philippe), *Chronique rimée*. Bruxelles, 1836-8, 2 v. in-4°. — (c. pp. 59, 75, 77, 82. 286.)
MÜLLER, *Saga-Bibliothek* (Bibliothèque des Sagas). Kjöb., 1817, 3 v. in-8°. — (c. pp. 7, 120, 434-5, 447-8.)
— *Notæ ad Saxonem Grammaticum*. — (c. pp. 16-17, 230.) — V. SAXO.
MUNCH, *Norske Folkets Historie* (Histoire du peuple norvégien). Christiania, 1857-63, 8 v. in-8.—(c. passim.)
— *Symbolæ ad historiam antiquiorem Norvegiæ*. Christiania, 1850, in-4°. — (c. pp. 108, 120.)
MÜNTER (Fr.), *Kirchengeschichte von Dänemark*. Leipzig, 1823-33, in-8°. — (c. pp. 2, 385, 408, 416.)
— *Om Elephantsordens Oprindelse* (Sur l'origine de l'ordre de l'Éléphant). Kjöb., in-8, 1822. — (c. p. 128.)
— *Les ordres de chevalerie du Danemark*. Copenhague, 1822, in-8°. — (c. pp. 58, 276.)
MURALT, *Essai de chronographie byzantine*. Saint-Pétersbourg, 1855, gr. in-8°. — (c. p. 103.)
MURATORI, *Antiquitates italicæ*. Me-

diol., 1738-42, 6 v. in-f. — (c. p. 59.)
— V. *Scriptores.*
Myntverk (*Den danske*) (Les monnaies danoises). Kjöb., 2 v. in-f. — (c. pp. 276, 438.)

Möbius, *Catalogus librorum Islandicorum ætatis mediæ.* Lipsiæ, 1856, in-8°. — (c. p. 7.)
Mövers (F. G.), *Die Phönizier.* Berlin, 1841-56, 4 v. in-8°. — (c. p. 77.)

N

Narratio de primordiis Ordinis Teutonici, dans Dúdik, *Deutsche Ordens Münzsammlung*, pp. 35-40.— (c. p. 283.)
Necrologium Lundense, dans Wedekind, *Noten*, III. — (c. p. 302.)
— *Sancti Michaelis Luneburgensis*, dans Langebeck, III. — (c. p. 299.)
Nersès (Saint) de Lampron, *Institutions de l'Église.* Venise, 1847, in-8°. — (c. p. 281.)
Nestor, *Chronica*, éd. Miklosisch. Vindobonæ, 1860, in-8°. — (c. p. 65.)
Nicetas Choniates, *Byzantina historia.* Paris, 1647, in-f. — (c. pp. 54, 223, 294, 306.)
Nicolas von Jeróschin, *Di Cronike von Prunzinland*, dans les *Scriptores rerum Prussicarum*, I. — (c. p. 283.)
Nikolas Sæmundarson, *Jórsalaferd*, éd. Werlauff. Hauniæ, 1821, in-4°. — (c. pp. 59, 81, 88, 90, 161.)
Noregs Konungatál. — V. *Konungatál.*
Nordin, *Monumenta Sueogothica vetustioris ævi suspecta.* Upsaliæ, 1774, in-4°. — (c. p. 13.)

O

Oddr. — V. *Saga* (*Olafs Tryggvasonar*).
Odo de Diogilo, *De profectione Ludovici VII in Orientem*, dans Migne, *Patrologia*, CLXXXV. — (c. pp. 223, 230.)
Officia patronorum Sueciæ. Coloniæ, 1697, in-8°. — (c. p. 233.)
Ohsson (D'), *Histoire des Mongols.* Amsterdam, 1852, 4 v. in-8°. — (c. p. 372.)
Olafsdrápa. — V. Einarr Skulason.
Olai (Ericus), *Chronica regni Gothorum*, dans les *Scriptores rerum Suecicarum*, II. — (c. pp. 12, 232, 299, 359, 370-1.)
Olai (Petrus), *Chronica regum Danorum*, dans Langebeck, I et II. — (c. pp. 12, 296.)
Oldskrifter (*Nordiske*) (Anciens écrits norrains). Kjöb., 1847-55, 20 v. in-8°. — (c. p. 435.)
Oliverius Scholasticus, *Historia regum Terræ Sanctæ*, dans Eccard, II. — (c. pp. 192, 260, 281, 298.)
— *Historia Damiatina*, dans Eccard, II. — (c. p. 324.) — V. *Epistola.*
Ordericus Vitalis. — V. Vitalis.
Osbernus de Baldr. — V. *Epistola.*
Otto Frisingensis, *Chronicon*, dans Muratori, VI. — (c. p. 224.)
Otto Sanblasianus, *Continuatio Ottonis Frisingensis*, dans Muratori, VI. — (c. p. 298.)
Oversigter (*Kong. danske Videnskabernes Selskabs*) (Bulletins de la Société royale des sciences de Danemark). Kjöb., 1850-64, 15 v., in-8°.— (c. pp. 53, 202.)

P

Paoli (Seb.), *Codice diplomatico del sacro ordine Gerosolimitano.* Lucca, 1732-7, 2 v. in-f. — (c. p. 426.)
Palgrave, *Anglosaxon commonwealth.* London, 1832, 2 vol. in-4. — (c. p. 81.)

PARIS (G.), *La Karlamagnúss Saga*, dans la *Bibl. de l'Ecole des chartes*, V v, VI ɪ. — (c. p. 434.)

PARIS (MATTHÆUS), *Historia major Angliæ*, ed. Wats. Londini, 1640, in-fol. — (c. pp. 336, 345, 347-8.)

PAULY, *Real Lexicon der classischen Alterthumswissenschaft.* Stuttgardt, 1864, 10 vol. in-8. — (c. p. 147.)

PAUS. — V. *Love.*

PEDERSSON (Absalon), *Norriges Beskrivelse* (Description de la Norvége), ed. Nicolaysen. Christiania, 1862, in-8. — (c. pp. 12, 358.)

PEDERSSON (Christjern), *Danske Chronicke*, ed. Brandt. Kjöb., 1856, in-8. — (c. pp. 12, 232.)

PEHR CLAUSSON. — V. CLAUSSON.

PERINGSKJÖLD, *Monumenta Ullerakäriensia.* Stockholm, 1740, in-fol. — (c. pp. 12, 193, 231.)

— *Annotationes ad vitam Theodorici.* Stockholm, 1699, in-4. — (c. p. 232.)

PERSONA (Gobelin), *Cosmodromium*, dans MEIBOMIUS, I. — (c. pp. 46, 150.)

PETERMANN, *Beiträge zur Geschichte der Kreuzzüge aus armenischen Quellen.* Berlin, 1860, in-4. — (c. pp. 192, 281, 389, 390.)

PETERSEN (Chr.). — V. PEDERSSON.

PETERSEN, *Danske Literaturs historie* (Histoire de la littérature danoise). Kjöb., 1853-60, 6 vol. in-8. — (c. pp. 287, 435.)

PETERSEN, *Haandbog der gammel nordiske Geographie* (Manuel de géographie norraine). Kjöb., 1834, in-12. — (c. p. 86.)

PETREJUS (Nicolaus), *de Cimbrorum et Gothorum origine.* Lipsiæ, 1695, in-8. — (c. p. 158.)

PETRI (Laurentius), *Svenska krönika*, ed. Klæmming. Stockholm, 1860, in-8. — (c. pp. 12, 232.)

PETRI (Olaus), *Chronica suecana*, dans les *Scriptores rerum Suecicarum*, II. — (c. pp. 12, 232.)

PETRUS DUSBURGENSIS, *Chronicon Prussiæ*, dans les *Scriptores rerum Prussicarum* I. — (c. p. 283.)

PHOTIUS, *Bibliotheca*, ed. Bekker (J.). Berolini, 1824-5, 2 vol. in-4. — (c. p. 441.)

PIPPINUS BONONIENSIS, *Liber de acquisitione Terræ Sanctæ*, a BERNARDO THESAURARIO *compositus*, dans MURATORI, VII. — (c. pp. 140, 272, 281.)

PISCHON, *Denkmäler der deutschen Sprache.* Berlin, 1838-51, 6 vol. in-8. — (c. p. 199.)

Planctus de rege Valdemaro, dans HVITFELDT, *Danske Krönicke*, 1, p. 188. — (c. p. 332.)

PLANCHER (D.), *Histoire de Bourgogne*. Dijon, 1739-81, 4 v. in-fol. — (c. p. 148.)

PLUTARCHUS, *De fortuna Alexandri*, dans ses *Moralia*, ed. Wyttenbach. Lipsiæ, 1815-29, 6 vol. in-12, t. II. — (c. p. 155.)

PONTOPPIDANUS (Ericus), *Annales ecclesiæ Danicæ.* Hauniæ, 1741, 4 vol. in-4. — (c. pp. 276, 408.)

— *Danske Atlas.* Kjöb., 1769, in-4. — (c. p. 308.)

— *Gesta Danorum extra Daniam.* Havniæ, 1740, 3 vol. in-8. — (c. pp. 13, 95-6, 143, 282, 378.)

— *Marmora danica.* Havniæ, 1739, 2 vol. in-fol. — (c. p. 301.)

PORTE DU THEIL (DE LA), *Mémoire sur les Relations du Danemark avec la France.* Paris, 1813, in-4. — (c. p. 285.)

PRUDENTIUS TRECENSIS, *Annales Bertiniani*, dans PERTZ, I, pp. 423-515. — (c. p. 71.)

Pröver (Fire og Tyve) af oldnordiske Sprog (44 morceaux en langue norraine), ed. C. GISLASON. Kjöb., 1860, in-8. — (c. pp. 96, 433-4, 446-8).

R

RADULPHUS CADOMENSIS, *Gesta Tancredi*, dans les *Historiens des Croisades*, III. — (c. pp. 54, 135-7, 140, 145-7.)

*RADULPHUS COGGHESHALE, *Chronicon*

anglicanum, dans MARTÈNE, *Amplissima Collectio*, V. — (c. pp. 223-4, 281.)

RADULPHUS GLABER, *Francorum Historiæ*, dans DUCHESNE, *Histor. Francorum scriptores*, V. — (c. pp. 128, 229.)

RAFN (Chr.). — V. *Antiquités russes*, *Mindesmerker (Grönlandske)*, *Minder (Oltids) fra östen*.

RAMUSIO, *Navigationi e Viaggi*. Venezia, 1550-9, 3 vol. in-fol. — (c. p. 123.)

RAYMUNDUS DE AGUILERS, *Historia Francorum qui ceperunt Hierusalem*, dans les *Historiens des Croisades*, III. — (c. pp. 88-9, 198, 134-8.)

RAYNALDUS, *Annales ecclesiastici*. Romæ, 1646-63, 8 vol. in-fol. — (c. pp. 324, 327-9, 334, 354.)

REDSLOB, *Thule*. Leipzig, 1855, in-8.— (c. p. 77.)

Regesta diplomatica regni Daniæ. Hauniæ, 1847-56, 2 vol. in-4. — (c. pp. 349, 388.)

Regesta pontificum Romanorum. — V. JAFFE.

Regnskaber (Pavelige Nuntiers) (Comptes des légats pontificaux), ed. Munch. Christiania, 1864, in-8. — (c. pp. 361, 366-8, 397-8, 400, 402.)

REIFFENBERG, *Dissertation sur une flotte de croisés partie de l'Escaut en 1189*, dans le *Bulletin de l'Académie de Bruxelles*, 1840, p. 22. — (c. p. 277.)

REINAUD. — V. *Bibliothèque des Croisades*.

REINERUS LEODIENSIS, *Annales*, dans PERTZ, XVI. — (c. pp. 281, 284, 313, 320, 326.)

Rettr (Kristinn-) (Jus ecclesiasticum), ed. J. Thorkelin. Havniæ, 1775-7, 2 vol. in-8. — (c. p. 6,)

REUSSNER, *Epistolæ Turcicæ*. Francof., 1598-1600, in-4. — (c. p. 277.)

Revue des Sociétés savantes. Paris, 1856-1865, 19 vol. in-8.— (c. p. 414.)

REYNERUS. — V. SNOYUS.

Resa (Tvänne Svenska Herrars) til Heliga Landet (Voyage de deux seigneurs suédois en Terre-Sainte). Stockholm, 1783, in-12.— (c. p. 426.)

REUTERDAHL, *Svenska Kyrkans historia*, (Histoire de l'Église suédoise). Lund, 1843-63, 5 vol. in-8. — (c. pp. 14, 230, 300, 369, 371.)

RHAMNUSIUS, *de Bello Constantinopolitano*. Venetiis, 1634, in-fol. — (c. p. 306.)

RHYZELIUS, *Episcoposcopia Sueogothica*. Lincopiæ, 1752, in-4. — (c. pp. 300, 359, 369-370.)

RICARDUS I. — V. *Epistola*.

RICARDUS DIVISIENSIS, ed. J. Stevenson. Londini, 1838, in-8. — (c. p. 294.)

RICARDUS DE SANCTO GERMANO, *Chronicon*, dans MURATORI, VII. — (c. pp. 336-7.)

RICOBALDO DE FERRARE, *Istoria Imperiale*, dans MURATORI, IX. — (c. pp. 220, 273, 275.)

RIETZ. — V. *Sagor*.

Rijmkrönica (Linköping Biskops-), dans BENZELIUS, *Monumenta*. — (c. pp. 56, 300, 370.)

— (*Skara Biskops-*). — V. BRYNJOLF.

— (*Stora Svenska*), dans les *Scriptores rerum Suecicarum*, I.— (c. p. 426.)

— (*Mindre Svenska*), dans les *Scriptores rerum Suecicarum*, I. — (c. p. 232.)

Rijmkrönike (Danske), ed. Molbech. Kjöbenhavn, 1825, in-8.— (c. p. 155.)

Rimbegla (Rudimentum Calendarii), ed. Björnsen. Hafniæ, 1780, in-4. — (c. pp 7, 432)

Rit thess Islenzka Lærdomslista Felags (Bulletin de la Société littéraire d'Islande). — Kaupmannahöfn, 1781-96, 14 vol. in-8. — (c. pp. 53, 160.)

ROBERTSON, *Scotland under his early Kingdom*. Edinburg, 1862, 2 vol. in-8. — (c. p. 241.)

ROBERTUS ELGINENSIS, *Vita sancti Kanuti*, dans LANGEBECK, IV. — (c. p. 162.)

ROBERTUS MAUCHET. — V. MAUCHET.

ROBERTUS MONACHUS, *Historia Hierosolymitana*, dans les *Historiens des Croisades*, III. — (c. pp. 130, 137, 143-5, 198.)

ROBERTUS DE MONTE, *Chronica*, dans PERTZ, VI. — (c. pp. 222, 249, 260.)

ROGERIUS DE HOVEDEN, *Annales Anglicanæ*, dans SAVILE, pp. 401-829. — (c. pp. 81, 89, 125, 267, 272, 279, 283-6, 297-8.)

ROGERIUS DE WENDOWER, *Flores historiarum*, ed. English histor. Society. Londini, 1841-4, 5 vol. in-8. — (c. pp. 150, 255, 281, 336-7.) —V. PARIS (MATTHÆUS).

Roman de Baudouin de Sebourcq. Valenciennes, 1841, 2 vol. in-8. — (c. p. 148.)

— *de Charlemagne*, ed. Fr. Michel. London, 1836, in-12. — (c. p. 159.)

— *du Cygne*. — Voir le suivant.

— *d'Eracles*. — V. *Eracles*.

— *de Godefroy de Bouillon*, ed. Reiffenberg. Bruxelles, 1846-59, 4 vol. in-4. — (c. pp. 54, 57, 95, 137, 144-8, 184.)

— *d'Huon de Bordeaux*. — V. *Huon*.

— *de Parise la Duchesse* Paris, Techener, 1836, in-12. — (c. p. 46.)

— *de Richard Cœur de Lion*, dans WEBER, *English metrical Romances*, II. — (c. pp. 197, 200, 286.)

— *de Rother*, dans les *Gedichte (Deutsche) d. XII. Jahr*. — (c. p. 199.)

— *de Rou*, par R. WACE, éd. Pluquet. Rouen, 1827, 2 vol, in-8. — (c. pp. 54, 57, 196, 200.)

ROSENBERG, *Rolandskvaden* (La chanson de Roland). Kjöbenh., 1860, in-8. — (c. p. 201.)

ROSENVINGE. — V. KOLDERUP.

RUDBECKIUS (Olaus), *Atlantica*. Upsaliæ, 1675-1689, 3 vol. in-fol. — (c. p. 14.)

RUMOHR et THIELE, *Geschichte der königl. Kupferstich-Sammlung zu Copenhagen*. Leipsig, 1835, in-8. — (c. p. 151.)

RUTEBOEUF, *Œuvres complètes*, ed. A. Jubinal. Paris, 1839, 2 vol. in-8. — (c. p. 147.)

RYNESBERG, *Bremische Chronik*, dans LAPPENBERG, *Geschichtsquellen v. Bremen*, pp. 55-176. — (c. p. 139.)

— V. *Chronik (Bremische)*.

RÖGNVALDR JARL, *Hattalykill* (Clef des mètres), dans SNORRI, *Edda*, éd. Egilsson, pp. 239-48. — (c. p. 244.)

S

Safn til Sögu Islands (Recueil pour l'histoire d'Islande). Kaupm., 1853-60, 2 v. in-8°. — (c. pp. 97, 301.)

Saga (Alexanders), éd. C. R. Unger. Christiania, 1848, in-12. — (c. p. 435.) V. *Alexander (Konung)*.

— *(Ajax)*, dans les *IV Riddarasögur*, p. 92-98. — (c. p. 447.)

— *(Apolloniuss)*, (Kjöb.), 1629, in-8°. — (c. p. 448.)

— *(Arons Hjorleifssonar)*, dans les *Biskupa Sögur*, I. — (c. p. 335.)

— *(Arna biskops Thorlakssonar)*, dans les *Biskupa Sögur*, I. — (c. pp. 372, 376.)

— *(Barlaams ok Josaphats)*. Christiania, 1851, in-8°. — (c. pp. 434, 447.)

— *(Blómstrvalla)*, éd. Möbius. Lipsiæ, 1855, in-8°. — (c. pp. 350, 447.)

— *(Bosa)*. — v. *Saga (Herrauds)*.

— *(Conráds)*. Kjöb., 1859, in-8°. — (c. p. 448.)

— *(Eiriks vidtförla)*, dans les *Förnaldar Sögur Nordl.*, III. — (c. pp. 16, 96.)

— *(Flóres ok blankifur)*, dans les *Annaler f. Nordisk Oldkyndighed*, 1850, pp. 3-121. — (c. p. 434.)

— *(Fridthiofs frækna)*, dans les *Fornaldar Sögur nordlandra*, II. — (c. p. 18.)

— *(Fóstbrædra)*, éd. Oddson. Kjöb., 1822, in-8°. — (c. p. 121.)

— *(Gudmundar Arasonar)*, dans les *Biskupa Sögur*, II. — (c. pp. 88, 270, 446.)

— *(Gudmundar h. ælsta)*, dans les *Biskupa Sögur*, I. — (c. pp. 51, 270.)

— *(Gunnlaugs ormstungu)*, Hafniæ, 1775, in-4°. — (c. pp. 60, 133.)

— *(Guta)*, éd. Säve, dans les *Gutniske Urkunder*. — (c. pp. 8, 15, 65.) V. SÄVE.

— *(Hákonar Hákonarsonar)*, dans les

Fornmanna Sögur, IX. — (c. pp. 318, 329, 331, 350-1.)
— (*Hákonar Sverrissonar*), dans les *Fornmanna Sögur*, IX. — (c. pp. 317, 439.)
— (*Haralds Gilla*), dans les *Fornmanna Sögur*, VII. — (c. p. 241.)
— (*Haralds Hardráda*), dans les *Fornmanna Sögur*, VI. — (c. pp. 58, 94, 201.)
— (*Herrauds ok Bosa*), dans les *Fornaldar Sögur nordl.*, III. — (c. p. 16.)
— (*Hervarar*). Upsal., 1672, in-f. — (c. p. 16.)
— (*Hjalmars*), éd. Halpap. Upsal., 1690, in-8°. — (c. p. 13.)
— (*Göngu-Hrolfs*), dans les *Fornaldar Sögur nordlandra*, III.—(c.p.96.)
— (*Inga Bardarson*), dans les *Fornmanna Sögur*, IX. — (c. pp. 312, 317). — V. *Saga (Hakónar) Sverrissonar*.
— (*Inga Haraldssonar*), dans les *Fornmanna Sögur*, VII.— (c. pp. 243, 250.)
— (*Ingvars vidtförla*), éd. Brocman. Stockholm, 1762, in-4°. — (c. pp. 31, 96, 231.)
— (*Josaphats*).—V. *Saga (Barlaams)*.
— (*Karlamagnúss*). Christiania, 1860, in-8°. — (c. pp. 75, 77, 96, 434).
— (*Kirialax*), extr. dans les XLIV *Pröver af Oldnordiske Sprog.*— (c. p 96.)
— (*Knytlinga*), dans les *Fornmanna Sögur*, XI. — (c. pp. 59, 152, 154-60, 199, 219, 225, 299.)
— (*Kristni*). Hafniæ, 1773, in-8°. — (c. pp. 98, 102, 104.)
— (*Laxdæla*). Hafniæ, 1826, in-4°. — (c. p. 97.)
— (*Magnúss helga*), éd. J. Jonæus, à la suite de l'*Orkneyinga Saga.* — (c. p. 240.)
— (*Magnúss Berfœtta*), dans les *Fornmanna Sögur*, VII. — (c. pp. 71, 132, 169, 170.)
— (*Njáls*), éd. Ol. Olafsen. Kaupmannahöfn, 1772, in-4°. — (c. p. 18.)
— (*Nikanors*). — V. *Saga (Salúsar*.)
— (*Nornagjests*), dans les *Fornaldar Sögur nordl.*, 1. — (c. pp. 82, 96.)

— (*Olafs helga*) *hinn meiri*. Christiania, 1853, in-8°. — (c pp. 31, 73-5, 120-2.)
— (*Olafs helga*) *hinn minni*, Christiania, 1849, in-8°. — (c. pp. 31, 73-5, 120-2.)
— (*Olafs Tryggvasonar*), rédaction de GUNNLAUGR, dans les *Fornmanna Sögur*, I-III. — (c. pp. 53-4, 88-9, 98, 107-10, 112-3, 116-8, 121.)
— (*Olafs Tryggvasonar*), rédaction d'ODDR. Christiania, 1853, in-8°. — (c. pp. 98, 110, 112, 117-8, 299.)
— (*Olafs Tryggvasonar*) (manuscrit de la Gardie), à la suite de l'édition de Christiania. — (c. p. 118.)
— (*Orkneyinga*). Hafniæ, 1780, in-4°. — (c. pp. 22, 52, 85, 88-9, 240-1, 244-6, 250, 252-8, 260-1, 444.)
— (*Rafns Sveinbjörnarsonar*), dans les *Biskupa Sögur*, I. — (c. p. 85.)
— (*Ragnars Lodbrokar*), dans les *Fornaldar Sögur nordlandra*, I. — (c. pp. 82, 96.)
— (*Salusar ok Nikanors*), dans les *IV Riddara Sögur*. — (c. pp. 86-7, 96, 448.)
— (*Samsons hins fagra*), dans les *Nordiska kämpadatter*. — (c. p. 434.)
— (*Sigurdar Jórsalafara*), dans les *Fornmanna Sögur*, VII.— (c. pp. 21, 52, 88, 171, 187, 192, 200, 207, 209-13, 427, 444.)
— (*Sigurdar Slembidjakns*), dans les *Fornmanna Sögur*, VII. — (c. pp. 241, 243.)
— (*Sverris*), dans les *Fornmanna Sögur*, VIII. — (c. pp. 24, 263, 271, 309-10, 312.)
— (*Sturlunga*). Kaupmannahöfn, 1817-20, in-4°. — (c. pp. 56, 299, 313, 357.)
— (*Thidreks af Bern*). Christiania, 1853, in-8°. — (c. p. 435.)
— (*Thorgrims*), dans les *IV Riddara Sögur*, pp. 5-34. — (c. p. 448.)
— (*Thorsteins Vikingssonar*), dans les *Fornaldar Sögur nordl.*, I. — (c. p. 96.)
— (*Thorvalds vidtförla*), dans les *Biskupa Sögur*, I. — (c. p. 103.)

— (*Trojumanna*), éd. J. Sigurdsson, dans les *Ann. f. nord. Oldkyndighed.* Kjöb., 1848, in-8°. — (c. p. 447.)
— (*Volsunga*), dans les *Fornaldar Sögur nordl*, I. — (c. pp. 71, 83.)
— (*Ynglinga*), éd. Säve (C.). Upsala, 1854, in-8°. — (c. pp. 16, 67, 78, 155.)
— (*Örvarr-Odds*), extr. dans les *Antiquités russes*, I. — (c. pp. 96, 448.)
Sagor (*Helgona*) (Légendes des Saints), éd. RIETZ. Lund, 1843, in-8°. — (c. p. 360.)
SALIH (ABU MOHAMMED), *Annales regum Mauritaniæ*, éd. Tornberg. Upsaliæ, 1843-6, in-4°. — (c. p. 278.)
Samlingar (*Svenska Fornskrift Sällskapets*) (Mémoires de la Société suédoise des anciens écrits). Stockholm, 1843-65, 43 livr. in-8° — (c. pp. 434-5.)
Samlinger (*Ny kirkehistoriske*) (Mélanges d'histoire ecclésiastique), éd. Rördam. Kjöb., 1857-64, 3 v. in-8°.— (c. p. 414.)
— *til det norske Sprog og historie* (Mélanges pour la langue et l'histoire de Norvège). Christiania, 1833-9, 7 v. in-4°. — (c. p. 5.)
— (SUHMS) *til den danske Historie* (Mélanges pour l'histoire de Danemark), éd. SANDVIG. Kjöb., 1779-84, 2 v. in-4°, (c. pp. 95, 425.)
SANDVIG. — V. *Sange, Samlinger.*
Sange (*Danske*) *af det ældste Tidsrum* (Chants danois de l'époque la plus ancienne), éd. SANDVIG. Kjöb., 1779, in-8°. — (c. p. 163.)
SANUTUS (Marinus), *Secreta Fidelium Crucis*, dans BONGARS, II. — (c. pp. 178, 192, 194, 281, 298, 306, 312, 394.)
— V. *Epistolæ.*
SAVILE. — V. *Scriptores.*
SAXO GRAMMATICUS, *Danorum regum historia*, éd. Müller. Hauniæ, 1839-58, 2 v. in-8°. — (c. pp. 9, 12, 16, 18, 54, 96, 119, 126, 152-7, 159, 160-3, 218-9, 225, 230, 243, 276, 308, 439.)
SCHATTEN, *Annales Paderbornenses.* Paderborn, 1741, 3 v. in-f. — (c. pp. 221, 297.)
SCHIERN, *Bemerkninger om Sigurds Jórsalafarer Dragefigurer* (Remarques sur les Dragons de Sigurd) dans les *K. Danske Videnskabernes Oversigter*, 1859. — (c. pp. 63, 202.)
SCHLEGEL, *Sammlung für Dänische Geschichte.* Kjöb., 1771, 4 v. in-8°.— (c. pp. 365, 398.)
SCHLYTER. — V. *Lagar.*
SCHRÖDER, *De universitate Parisiensi a Suecis medio ævo frequentata.* Upsal, 1830, in-4°.— (c. p. 414.)
— *De poesi sacra latina medii ævi in Suecia.* Upsaliæ, 1833, in-4°. — (c. p. 233.)
SCHÖNAUS, *Holgers den danske Levnet* (Vie d'Ogier le Danois). Kjöb., 1751, in-8°. — (c. p. 95.)
Scripta historica Islandorum. — v. *Sögur* (*Fornmanna.*)
— *Soc. litterar. Islandiæ*, — v. *Rit.*
Scriptores Anglicanæ historiæ, éd. GALE. Oxonii, 1684-91, 3 v. in-f. — (c. passim.)
— *Anglicarum rerum*, éd. SAVILE. Francofurti, 1601, in-f. — (c. passim.)
— *Historiæ Anglicanæ*, éd. TWYSDEN. Londini, 1652, 2 v. in-f. — (c. passim.)
— *Brunswicensium rerum*, éd. LEIBNITZ. Hanoveræ, 1707-11, 3 vol. in-f. — (c. pp. 298, 367.)
— *Danicarum rerum*, éd. LANGEBECK. Havniæ, 1772-1834, 8 v. in-f. — (c. passim.)
— *Historiæ Francorum*, éd. DUCHESNE. Paris, 1636-49, 5 v. in-f. — (c. pp. 129, 136, 223, 285.)
— *Gallicarum rerum*, éd. D. BOUQUET. Paris, 1738-1855, 21 v. in-f. — (c. passim.)
— *Germanicarum rerum*, éd. HEINECCIUS. Francofurti, 1707, in-f. — (c. p. 332.)
— (e. d. alii), éd. LINDENBROG. Hamburgi, 1706, in-f. — (c. pp. 64, 72, 119, 283.)
— (e. d. alii), éd. MEIBOMIUS. Helmstadii, 1688, 3 v. in-8°. — (c. pp. 139, 150, 286.)
— (e. d. alii), éd. MENKEN. Lipsiæ, 1728-30, 3 v. in-f. — (c. pp. 298, 329.)
— (e. d. alii), éd. PERTZ, 1826-61, XVII vol. in-f. — (c. passim.)

— *Italicarum rerum*, éd. MURATORI. Mediolani, 1723-51, 28 vol. in-f. — (c. passim.) — Contin. TARTINIUS. Florentiæ, 1748-70, 2 v. in-f. — (c. pp. 279, 281, 298.)

— *Normannorum historiæ*, éd. DUCHESNE. Paris, 1619, in-f. — (c. p. 17.)

— *Prussicarum rerum*. Lipsiæ, 1861-3, 2 v. in-8°. — (c. p. 283.)

— *Suecicarum rerum*, éd. FANT. Upsaliæ, 1818, 2 v. in-f. — (c. passim.)

SEBASTIANUS SALMANTICENSIS, *Brevis historia*, dans FLOREZ. *España sagrada*, XIII. — (c. p. 71.)

Secunda pars historiæ Hierosolymitanæ. — V. LISARDUS.

Selskab (*K. Danske Videnskabernes*). — V. *Skrifter*, *Oversigter*.

— (*Throndhjemske*). — V. *Skrifter*

— (*Skandinaviske literaturs*). — V. *Skrifter*.

SICARDUS CREMONENSIS, *Chronicon*, dans MURATORI, VII. — (c. pp. 178, 192, 260, 281.)

SIGEBERTUS GEMBLACENSIS, *Chronographia*, dans PERTZ, VI. — (c. p. 130.)

— *Continuatio Aquicinctina*, ibid. — (c. pp. 223, 279, 281.)

— *Continuatio Laudunensis*, ibid. — (c. p. 223.)

— *Continuatio Valcellensis*, ibid. — (c. p. 223.)

SIGURDSSON. — V. *Kvædi*.

SILLÈN, *Svenska handelns historia* (Histoire du commerce suédois). Upsala, 1851-9, 2 v. in-8°. — (c. pp. 28, 430-1, 439-40.)

SILVA (DA) LOPEZ, — V. ANONYMUS, *Narratio*.

SIMEON LOGOTHETES, *Chronographia*, éd. Bekker. Bonnæ, 1838, in-8°. — (c. p. 67.)

SIMONSEN (VEDEL-). — V. VEDEL.

Skaldskaparmál (De dictione poetica), fraction de Snorri, *Edda*. — (c. p. 18.)

Skalhóltsbók (Livre de Skalhólt), extr. dans les *Antiquités russes*, II. — (c. pp. 7, 69, 77, 442.)

Skrifter (*Kong. danske Videnskabernes Selskabs*) (Mémoires de la Société royale des sciences de Danemark). Kjöb., 1743-1867, 25 v. in-4°. — (c. p. 439.)

— (*Skandinaviske Literaturs Selskabs*) (Mémoires de la Société littéraire scandinave). Kjöb., 1805-32, 23 v. in-12°. — (c. pp. 151, 333, 355, 378.)

— (*Throndhjemske Selskabs*) (Mémoires de la Société de Throndhjem). Kjöb., 1761, 2 v. in-8°. — (c. p. 128.)

SKYLITZES (JOHANNES), *Compendium historiarum*. Paris, 1647, in-f. — (c. p. 196.)

SMET (J. J. DE). — V. *Corpus*.

SNORRI STURLUSON, *Heimskringla* (Cercle du monde). Hauniæ, 1777-1826, 6 v. in-f. — (c. passim.)

— *Edda*. Hafniæ, 1848-52, in-8°. — (c. pp. 16-18, 81, 244.)

SNOYUS (REYNIERUS), *Annales Batavici*, dans SWEERTIUS, I. — (c. pp. 281, 284.)

SOMMELIUS, *De fatis Eskilli*. Lund, 1765, in-4°. — (c. p. 230.)

SOZOMENUS PISTORIENSIS, *Historiæ*, dans MURATORI, XVI. — (c. pp. 279, 281, 298.)

SPERANSKY (Mme DE BAGREEF-), *Les pèlerins russes à Jérusalem*. Bruxelles, 1854, 2 v. in-8°. — (c. p. 85.)

STALEN, *Peregrinus ad sancta loca orthodoxus*. Coloniæ, 1639, in-12. — (c. p. 93.)

Stjórn (Gouvernement), éd. Unger. Christiania, 1853, in-8°. — (c. pp. 7, 433.)

STRABO. *Res geographicæ*, éd. Tauchnitz. Lipsiæ, 1816-29, 3 v. in-12. — (c. p. 147.)

STRELOW, *Guthilandorum chronica*. Hauniæ, 1633, in-4°. — (c. p. 158.)

Strengleikar (Ludi fidicini), éd. Munch. Christiania, 1850, in-4°. — (c. p. 434.)

STRINNHOLM, *Svenska Folkets Historia* (Histoire du peuple suédois). Stockholm, 1834, 5 v. in-8°. — (c. p. 14.)

STRITTER, *Memoriæ populorum ad Danubium*. Pétersbourg, 1774, 6 v. in-4°. — (c. p. 54.)

Ström, *Beskrivelse över Sunmoer* (Description du Sunmoer). Sorö, 1762-9, in-4°. — (c. p. 167.)

Studien (*Baltische*). Stettin, 1822-40, 8 v. in-8°. — (c. p. 318.)

— (*Nordalbingische*). Kiel, 1858, 5 v. in-8°. — (c. pp. 283, 286.)

Styrilse (*Kununga och Höfdinga*) (Instruction des rois et des princes), éd. Buræus. Holmiæ, 1634, in-4°. — (c. p. 7.)

Suarez de Salazar, *Grandeza y antiguedades de la ciudad de Cadiz*. Cadix, 1610, in-4°. — (c. p. 77.)

Suhm (P.), *Historie af Danemark*. Kjöb., 1781-1828, 14 v. in-4°. — (c. passim.)

— *Critisk Historie af Danmark*. Kjöb., 1774-6, 3 v. in-4°. (c. pp. 95-6.)

— *Forbedringer i den gamle danske Historie* (Rectifications dans l'ancienne histoire de Danemark). Kjöb., 1757, in-4°. — (c. pp. 151, 157, 163.)

— *Samlede Skrifter* (Œuvres complètes). Kjöb., 1788-98, 16 v. in-8°. — (c. p. 163.) — V. *Samlinger*.

Sveinn Akeson, *Danica historia*, éd. Stephanius. Soræ, 1642, in-12. — (c. pp. 9, 153, 219, 229.)

— *Historia legum castrensium Canuti Magni*, dans Langebeck, III. — (c. p. 54.)

Sweertius. — V. *Annales*.

Sybel, *Geschichte d. erste Kreuzzüge*. Düsseldorf, 1841, in-8°. — (c. p. 151.)

Syv. — V. *Viser*.

Sällskapet (*Svenska Fornskrift*). — V. *Samlingar*.

Sæmundr ii. Fródi, *Edda*. Hauniæ, 1787-1828, 3 v. in-4°. — (c. pp. 16, 21, 82-3.)

Säve (Carl), *Gutniska Urkunder* (Documents gotlandais). Stock., 1859, in-8°. — (c. pp. 8-9, 15.)

— *Om Spräkskiljagtigheterna imellan Svenska ok Islandska Fornskrifter* (Sur les différences linguistiques du suédois et de l'islandais anciens). Upsal, 1861, in-8°. — (c. p. 8.)

— *Runstenen vid Fjucky* (Runstène de Fjuckby), dans le *Nordisk Universitetets Tidskrift*, III. — V. *Saga* (*Ynglinga*).

Sævulfus, *Itinerarium in Terram Sanctam*, éd. d'Avezac. Paris, 1839, in-4°. — (c. p. 85.)

Sögubrott af nokkrum Fornkonungum i Dana (Fragments historiques sur quelques anciens rois en Danemark). Stockholm, 1719, in-4°. — (c. p. 8.)

Sögur (*Biskupa*). Kjöb., 1863-6, 2 v. in-8°. — (c. passim.)

— (*Breta*), dans les *Annaler for Nord. Oldkyndighed*, 1848. — (c. p. 435.)

— (*Danmerks*), dans les *Fornmanna Sögur*, XI. — (c. p. 8.)

— (*Forn-*), éd. G. Vigfusson et Möbius. Leipzig, 1860, in-4°. — (c. pp. 107-111.)

— (*Fornaldar*) *nordlandra*. Kjöb., 1829-30, 3 v. in-8°. — (c. passim.)

— (*Fornmanna*), (Scripta historica Islandorum). Hauniæ, 1825-37, in-8°. — (c. passim.)

— (*Agiælar Fornmanna*), éd. Björn Markusson. Hólar, 1756, in-8°. — (c. p. 435.)

— (*Islendinga*). Kjöb., 1843-7, 2 vol. in-8°. — (c. p. 6.)

— (*IV Riddara*), éd. Erlendsson et Thordarsson. Reykiavik, 1852, in-8°. — (c. pp. 86-7, 96, 435, 447-8.)

Söguthettir (*Nockrar*) *Islendinga* (Quelques contes historiques islandais). Hólar, 1756, in-4°. — (c. p. 43.)

T

Tartinius. — V. *Scriptores*.

Tasso (T.), *Gerusalemme liberata*, éd. Sicca. Padova, 1827-8, 3 v. in-24. — (c. pp. 146, 151.)

— *Gerusalemme conquista*. Venetia, 1600, in-12. — (c. p. 146.)

Terpager, *Ripes Cimbricæ*. Flensburg, 1736, in-4°. — (c. pp. 389, 392.)

TABLE DES OUVRAGES CITÉS.

Thattr Halldórs Snorrasonar, dans les *Fornmanna Sögur*, III.— (c. pp. 98, 110, 117, 124.)

— *Thórarins Nefjulfsonar*, dans les *Fornmanna Sögur*, V. — (c. p. 120.)

THEINER. —V. *Hungaria, Monumenta.*

THEOPHANES, *Chronographia.* Paris, 1655, in-f. — (c. p. 60.)

THIODREK (THEODORICUS), *Commentarius de regibus vetustis Norvagicis*, éd. Kirchmann. Amstelod., 1684, in-12.— (c. pp. 5, 98, 109, 192, 194, 203, 287.)

THOMÉE, *Lexicon öfwer Sverige* (Dictionnaire de la Suède). Stockholm, 1859-63, 4 v. in-8°. — (c. pp. 163, 234.)

THORKELIN. — V. *Diplomatarium.*

— *Tidskrift (Antiquarisk)* (Journal archéologique). Kjöb., 1855-7, 4 vol. in-8°. — (c. pp. 27, 124, 297, 313, 336, 338.)

— (*Nordisk Universitetets*) (Journal de l'université Norraine). Kjöb., 1854-62, 9 v. in-8°. — (c. p. 301.)

— (*Norsk*) *f. Videnskab og Literatur* (Journal norvégien de science et de littérature). Christiania, 1848-50, 2 vol. in-8°. — (c. pp. 124, 167.)

TISSIER. —V. *Bibliotheca.*

TORFÆUS, *Orcades.* Havniæ, 1697, in-f. — (c. pp. 240, 251, 261, 376, 444.)

TORNBERG, *Nummi Cufici regii numophylacii.* Upsaliæ, 1848, in-4°. — (c. p. 439.)

TRITHEMIUS (J.), *Annales Hirsaugienses.* Francofurti, 1601, in-f. — (c. p. 283.)

TRIVET (Nicolaus), *Annales Plantagenistarum*, éd. Engl. hist. Society. Londini, 1845, in-8°. — (c. p. 224.)

TUDEBODUS, *Historia de Hierosolymitano itinere*, dans les *Historiens des Croisades*, III. — (c. pp. 130, 136-8, 143-5, 198.)

TURPINUS, *De vita Karoli Magni*, éd. Ciampi. Florentiæ, 1822, in-8°. — (c. pp. 75, 77.)

TWYSDEN, *Historiæ anglicanæ Scriptores.* — V. *Scriptores.*

U

VAISSETTE (D.), *Histoire de Languedoc*, éd. DU MÈGE. Toulouse, 1840, 10 v. in-8°. — (c. p. 183.)

VASTOVIUS, *Vitis Aquilonia.* Upsaliæ, 1708, in-4°. — (c. pp. 232, 234, 300, 332, 359, 369.)

VEDEL-SIMONSEN, *Historisk Udsigt över Nordiske Valfarter og Korstog til del if hellige Land* (Vue historique sur les pèlerinages et les croisades norraines en Terre-Sainte); dissertation de 210 pages petit in-12 à la fin du second volume de *Udsigt over Nationalhistorie ældste og mærkeligste Perioder* (Vue sur les périodes les plus anciennes et les plus remarquables de l'histoire nationale), du même auteur. Kjöbenhavn, 1813, 3 vol. pet. in-12.—(c. pp. 95, 101, 143, 218-9, 220, 276, 295, 300, 308, 315, 317, 335, 378, 419, 425, 427, 430, 438, 440, 446.)

Via hierosolymitana, dans ECCARD, II. — (c. p. 26.)

VICTOR (Pierre), *Les Eglises en bois sculpté de Norvège.* Paris, 1842, in-8° — (c. p. 437.)

V

VIDALIN (P.), *De linguæ septentrionalis appellatione Danica*, à la suite de la *Gunnlaugs Saga*. Hauniæ, 1775, in-4°. — (c. pp. 60, 133.)

— *Agrip af Gloserunum yfir Fornyrdi Lögbokar Islendingi* (Essai d'un glossaire des mots anciens du code islandais), dans le *Felagsrit*, II, III, IV, VII. — (c. pp. 53, 160.)

VILLEHARDOUIN, *De la Conqueste de Constantinope*, éd. DU CANGE. Paris, 1657, in-f. — (c. pp. 54, 3067.)

VINCENTIUS BELLOVACENSIS, *Speculum historiale.* Duaci, 1624, in-f.—(c. pp. 281, 284.)

Viser (Et hundrede danske) (Cent chansons danoises), éd. SYV. Kjöb., 1695, 1 v. in-12.—(c. pp. 56, 308, 360, 435, 447.)

— (*Danmarks gamle Folk-*) (Chants populaires danois), éd. GRUNDTVIG. Kjöb. 1835, in-4°.—(c. pp. 8, 56, 60.)

— (*Udvalgte danske*) *fra Middelalderen* (Chants danois choisis du moyen âge), éd. ABRAHAMSON, RAHBECK et NYERUP. — Kjöbenhavn, 1812-4, 5 v. in-12. — (c. p. 60.)

— (*Gamle norske Folk-*) (Anciens chants populaires norvégiens), éd. BUGGE. Christiania, 1858, in-8°. — (c. p. 7.)

— (*Norske Folk-*), éd. LANDSTAD. Christiania, 1853, in-8°. — (c. p. 7.)

Visiones Godescalchi, dans LANGEBECK, V. — (c. p. 299.)

Visor (*Svenska Folk-*) (Chants populaires suédois), éd. A. AFZELIUS et E. G. GEIJER. Stockholm, 1814-5, 3 v. in-8°. — (c. p. 7.)

Vita sancti Bernardi, dans les *Acta Sanct. Boll.*, Aug., IV. — (c. p. 230.)

— *Sancti Bryniolphi*. Upsaliæ, 1836, in-4°. — (c. pp. 359, 369.)

— *Sancti Elphegi*, dans LANGEBECK, II. — (c. p. 120.)

— *Gregorii VIII*, dans MURATORI, III. (c. p. 267.)

— *Gunnari*, dans LANGEBECK, V. — (c. p. 338.)

— *Sanctæ Helenæ*, dans les *Acta Sanct. Bolland.*, Jul., VII. — (c. p. 233.)

— *Hludovici imperatoris*, dans PERTZ II. — (c. p. 71.)

— *Sancti Knuti Lavardi*, éd. Waits. Göttingen, 1858, in-4°. — (c. pp. 59, 153, 162, 219.)

— *Liedberti Cameracensis*, dans les *Acta SS. Boll.*, Jun., IV. — (c. p. 125.)

— *Mathildis comitissæ*, dans MURATORI, V. — (c. p. 196.)

— *Sancti Theotoni*, dans les *Monumenta Portugalliæ historica*, I. — (c. p. 223.)

— *Sancti Wulframi*, dans les *Acta SS. Bolland.*, Mart., III — (c. p. 125.)

VITALIS (ORDERICUS), *Historia ecclesiastica Angliæ*. Paris, 1838-55, 5 v. in-8°. — (c. pp. 54, 60, 129, 134-8, 140-6, 148, 183, 186, 192-3.)

UNGER, *Oldnordisk Læsebog* (Choix de lectures norraines). Christiania, 1863, in-8°. — (c. p. 446.)

VOGÜÉ (Comte de), *Églises de Terre-Sainte*. Paris, 1860, in-4°. — (c. pp. 162, 229.)

VOIGT. — V. *Codex diplomaticus*.

Urkundenbuch (*Lübeckischer*). Lübeck, 1843-59, 2 v. in-4°. — (c. p. 336.)

USINGER (R.), *Dänische Annalen des Mittelalters*. Hanover, 1861, in-8°. — (c. p. 10.)

— *Deutsche-Dänische Geschichte*, Berlin, 1863, in-8°. — (c. p. 313.)

Völuspá (Vaticinium Valæ), éd. Wieselgren. Lund, 1829, in-4°. — (c. p. 16.)

W

WACE (Robert). — V. *Roman de Rou*.

WALLACE, *An account on Orkneys*. London, 1700, in-8°. — (c. p. 261.)

WALLIN, *Gotlandska Samlingar* (Mémoires gotlandais). Stockholm, 1747, in-8°. — (c. pp. 158, 369.)

WEBER, *English metrical Romances*. Edimbourg, 1810, 3 v. in-8°. — (c. pp. 197, 200, 286.)

WEDEKIND, *Noten zu einige Geschichtschreiben*. Hamburg, 1821-39, 9 vol. in 8°. — (c. p. 299.)

WEGENER, *Karl den donske, Greve af Flandern* (Charles le Danois, comte de Flandres). Kjöb., 1839, in-4°. — (c. p. 184.)

WENRICH, *Rerum ab Arabibus in Italia gestarum commentarii*. Lipsiæ, 1845, in-8°. — (c. p. 256.)

WERLAUFF (E. Ch.), *Om Hestekjöds Brug i Norden* (Sur l'usage de la chair de cheval dans le Nord). Kjöb., 1807, in-4°. — (c. p. 435.)

— *Nordboers Bekjendskab med d. Pyrenaiske Halvöen* (De la connaissance que les gens du Nord avaient de la péninsule Pyrénaïque), dans les *Annaler f. Nord. Oldkyndighed*, 1836. — (c. pp. 72, 180.)

— *Symbolæ ad geographiam medii ævi*. Havniæ, 1821, in-4°. — (c. pp. 59, 81, 299.)

— *De hellige tre Kongers Kapell* (La chapelle des trois Rois).

Kjöb., 1849, in-4°. — (c. p. 128.)
— *Om Stiftelsen af en Ridderorden f. Norge* (Sur la fondation d'un ordre de chevalerie en Norvège). Christiania, 1859, in-8°. — (c. pp. 54, 427.)

WEXIONIUS, *Epitome descriptionis Sueciæ*. Abo, 1650, in-12.—(c pp. 232-4.)

WIBALDUS. — V. *Epistolæ*.

WIESELGREN *De claustris Sueogothicis*. Lund, 1832, in-4°. — (c. p. 234.)
— *Sveriges sköna Literatur* (Histoire littéraire de la Suède). Stockholm, 1847, 5 v. in-8°. — (c. pp. 13, 39, 369, 434, 444, 447-8.)

WILBRANDUS OLDENBURGENSIS, *Peregrinatio ad Terram Sanctam*, éd. Laurent. Hamburgi, 1859, in-4e. — (c. pp. 87, 162.)

WILDE, *Anmerkningar öfver Puffendorf's Inledning svenska Statens Historiæ* (Remarques sur l'Introduction à l'histoire de l'État suédois, de Puffendorf). Stockholm, 1738, in-4. — (c. p. 232.)

WILKEN, *Geschichte der Kreuzzüge*. Leipzig, 1827, 7 v. in-8°. — (c. pp. 2, 125, 264, 283-4, 317, 342.)
— *Res gestæ Comnenorum*, Heidelbergæ, 1811, in-8°.—(c pp. 223, 261.)

WILLELMUS. — V. GUILLELMUS.

WORMIUS (O.), *Monumenta Danica*. Hauniæ, 1643, in-f. — (c. p. 234.) — V. *Epistolæ*.

WORSAAE (J.-A.), *Om Danebrog*. Kjöb., 1849, in-8°. — (c. p. 427.)
— *Den danske Erobring af England* (Conquête de l'Angleterre par les Danois). Kjöb., 1863, in-8°.—(c. p. 104.)
— *Nordiske Oldsager i. d. Kongelige Museum i Kjöbenhavn* (Antiquités norraines du Musée de Copenhague). Kjöb., 1859, in-8°. — (c. p. 438.)

Y Z Æ Ö

Yvan Lejonriddaren, dans les *Sv. Fornskrijt Sällskapets Samlingar*. Stockholm, 1849, in-8°.— (c. p. 434.)

ZIEGLERUS, *Scondia*. Argentorati, 1536, in-f. — (c. p. 232.)

ÆLNOTHUS, *Vita sancti Canuti regis*, ed. Hvitfeldt. Hafniæ, 1608, in-8°. — (c. p. 126.)

ÆMILIUS (P.), *De rebus gestis Francorum*. Paris, 1550, in-f. — (c. pp. 150, 185, 192.)

ÖHNHJELM, *Historia Sueonum Gothorumque ecclesiastica*. Stockholm, 1689, in-4°. — (c. p. 234.) (1)

---

(1) Aux ouvrages cités ci-dessus il conviendrait, pour compléter la bibliographie du sujet, d'ajouter les dissertations suivantes imprimées dans le Nord, mais dont l'auteur n'a pas eu à faire usage :

ANCHERSEN, *De cruciata Norvegica*. Hauniæ, 1762, in-4°, 28 pp.

BENZELIUS (Henricus), *De peregrinationibus religiosis*. Londini Goth.; 1724, in-4°, 40 pp.

BENZELIUS (Jacobus), *Palæstina*. Upsal., 1708, p. in-12, 159 pp.

BOLMEER et MELLIN, *De peregrinationibus Scandinavorum in Palæstinam, meliorem litterarum et vitæ cultum adjuvantibus*. Lond. Goth., 1814, in-4°, 12 pp. (Inachevé.)

CLEWBERG (J.), *De regno Hierosolymitano sub Francis*. Upsal., 1726, in-4°, 26 pp.

FANT, *De causis expeditionum cruciatarum*. Upsal., 1815, in-4°, 13 pp.

INGERSLEV (H.), *Peter fra Amiens, og den 1te Korstog* (Pierre l'Hermite et la première croisade). Kjöb., 1859, in-12, 19 pp.

MÜNTER (Fr.), *Om Korstogenes Virkning paa Norden* (De l'influence des Croisades sur le Nord). Kjöb., 1796, in-8°.

ROTHSTEIN, *De peregrinationibus religiosis Scandinavorum*. Lond. Goth., 1808, in-4°. 8 pp. (Inachevé.)

www.ingramcontent.com/pod-product-compliance
Lightning Source LLC
LaVergne TN
LVHW050623090426
835512LV00008B/1629